新时代教育高质量发展书系

XIN SHIDAI JIAOYU GAO ZHILIANG FAZHAN SHUXI

黎新风◎主编

解码优质课堂

素养导向的学科教学模型群

中国大百科全书出版社　　知诚出版社

图书在版编目（CIP）数据

解码优质课堂：素养导向的学科教学模型群 / 黎新
风主编 . -- 北京：知识出版社，2021.11
（新时代教育高质量发展书系）
ISBN 978-7-5215-0471-2

Ⅰ.①解… Ⅱ.①黎… Ⅲ.①课堂教学—教学研究—
小学 Ⅳ.① G622.421

中国版本图书馆 CIP 数据核字（2021）第 241078 号

解码优质课堂：素养导向的学科教学模型群

黎新风　主编

出 版 人	姜钦云	
图书统筹	王云霞	
责任编辑	王云霞	
责任印制	吴永星	
版式设计	博越创想	
出版发行	知识出版社	
地　　址	北京市西城区阜成门北大街 17 号	
邮　　编	100037	
网　　址	http://www.ecph.com.cn	
电　　话	010-88390659	
印　　刷	北京一鑫印务有限责任公司	
开　　本	710mm×1000mm　1/16	
印　　张	17.25	
字　　数	235 千字	
版　　次	2021 年 11 月第 1 版	
印　　次	2023 年 3 月第 2 次印刷	
书　　号	ISBN 978-7-5215-0471-2	
定　　价	50.00 元	

本书编委会

主　编：黎新风

编　委：薛　莹　谢佳芮　杨　超　李映华

　　　　田　静　郑子嘉　吴丽娜　王　晶

　　　　温　雯　周伟明

让教育沐浴人性的光辉

　　教育是一项关乎千家万户的事业，社会的发展进步，需要先进的教育思想引领。时代在变，教育也在变，然而变中也有"不变"。所以，我们只有对教育进行哲学的思考，只有搞清楚了哪些需要变，哪些不能变，才能真正做好教育。而教育的本质是什么，什么是好的教育，理想的教育是什么样的，这些最基本的教育问题应是教育哲学思考的源头。只有弄清楚这些最基本的问题，我们才能找到正确的方向，办出有质量的教育。

　　教育是培养人的事业，是一项通过培养人让人类不断走向崇高、生活更加美好的事业。因此，教育最重要的任务是塑造美好的人性，培养美好的人格，使学生拥有美好的人生。要达成这样的目标，就需要一批有理想、有情怀、有追求、有实干精神的校长和教师，用自己的青春和智慧去践行。而在现实中，也确实有这样一群人，他们热爱教育事业，关爱每一个学生，一步一个脚印，用脚去丈量教育，用心去感受教育，用智慧去点亮教育。

　　如何将这样一群人聚在一起，用他们的智慧去影响更多的教师？

　　中国大百科全书出版社、知识出版社策划出版了"新时代教育高质量发展书系"，对新时代教育如何实现高质量发展进行了可贵的探索。他们在全国范围内会聚了60名优秀教育工作者，这些教育工作者大多是扎根教育一线的优秀校长和教师。书中的经验、实践、体会和思想，既有教学的艺术，也有管理的智慧；既有育人的技巧，也有师德的弘扬；既有教师的成长感悟，也有校长的发展思考；既有师生关系的融通之术，也有家校关系的互动之道。60本书，60个点，每一个点都是一门学问，一门艺术。

我今年给"新教育"的同人写过一封新年贺信，题目是"让教育沐浴人性的光辉"，从三个方面对教师的工作提出了建议。在这里我也把这三条建议送给这套丛书的作者和读者朋友。

一是要善待我们自己。要珍惜时间，张弛有度，让人生丰盈；要发现教师职业魅力，做一个善于享受教育生活的人；要培养健康的爱好，做一个有生活情趣的人；要与学生一起成长，做一个在教育过程中不断进取的人；要不断挑战自我的最高峰，做一个创造生命传奇的人。

二是要善待学生。要尊重学生让学生能够张扬自己的个性，发挥自己的潜能，成为更好的自己。学生，是活力十足、茁壮成长的下一代，我们应该从发展的角度考虑，如何帮助他们成为一个有理想、有激情、有智慧的人，一个能够适应社会并且受人欢迎的人，一个挖掘自身潜能、张扬不同个性的人。

三是要把教育的温暖传递给社会。许多问题，归根结底是教育的问题。尽管我们任何一个人，作为个体的力量都是有限的，但是，再渺小的个体，也能够温暖身边的人。所以，我们要让所有和我们相遇的人，都能够感受到我们的美好和温暖，这也是让人与人之间，让全社会变得更美好、更温暖的有效方式。

有人性的人是明亮的，有人性的教育是光明的。让教育沐浴人性的光辉，我们的今天才会更加幸福，我们的明天将会更加美好，我们的世界也将会更加璀璨。

是以为序。

朱永新

2020 年 5 月 1 日

弘扬名师之道，传播名师之法

"杏林出名医，荔园出名师。"

荔园小学的名师文化，历经数十年积淀，与城市同步生发。自我就职荔园小学，二十余年间，耳闻目见之省市级名师数十人，区级名师、骨干更是有百余人之多。在与这些名师相处的过程中，我能深深地感受到教育理想的闪光，见证教育智慧的力量，收获教育信念的成长。如今，在荔园小学建校 40 周年之际，研发出版《解码优质课堂：素养导向的学科教学模型群》一书，集中对荔园一批名师的教育智慧进行总结表达，如陈年佳酿，开坛飘香，芬芳四溢。

名师之"名"何来？古人云，"名可名，非常名"，这话听起来似乎有些缥缈玄妙。然而三十年的从教经历告诉我：名师之"名"，在于育人理想、教育思想、教学妙法、执着信念。存道有法，可谓名师也。《解码优质课堂：素养导向的学科教学模型群》的出版，目的就在于弘扬名师之道、传播名师之法！

名师之道、之法如何？古人云，"道可道，非常道"，又云"法无定法"，似乎不可捉摸。然而在多年来与名师的相处中，我发现，名师的道与法，根本在于回归育人初心与教育规律，沉浸教学深处，研究学习需求，探索教学策略，打磨课堂模型。学校推出《解码优质课堂：素养导向的学科教学模型群》，正是基于荔园名师对自己课堂多年的探索与打磨。

在荔园工作的二十余年里，我曾很多次走进杨超、李映华、谢佳芮等名师的课堂，见证他们在实践中的坚韧、钻研时的困惑、成功时的欣喜，我的心也曾不断被他们在学科课堂探索中的智慧焰火点亮。我深深地感到，名师精神、名师追求、名师方法，已经成为荔园品牌文化的重要组成部分。

这是荔园小学研发推出的第一本名师教学策略集，我们邀请了杨超、李映华、田静、薛莹、谢佳芮、王晶、温雯、郑子嘉、吴丽娜、周伟明等名师对自己的教学智慧进行总结提炼。在此过程中，还邀请了省、市多位专家、学者、名师对荔园名师的经验进行打磨提炼，共同推出了"冲突数学""角色语文""叙事英语""知觉美术"等一批高品质的教学经验。未来，我们还将把名师策略的提炼总结工作继续推进下去，为树立荔园标杆、建立荔园标准打好坚实的基础。同时，我们也希望通过这项工作，培养、成就更多的荔园名师。

在四十年的发展历程中，荔园小学一直是深圳教育成长发展头部学校中的一员，在每一个教育变革与发展的重要历史时刻，荔园小学都扮演了敢为人先、创新突破的先锋角色。当前，我国基础教育已经进入"高质量"发展的"新时期"，如何定义办学育人高质量？如何创造高质量？是全国教育同行都将面对的重要话题。荔园小学希望用《解码优质课堂：素养导向的学科教学模型群》的出版，来表达我们对"高质量"的深思，以及对创造"荔园质量标准"的追求。

黎新风

2021 年 10 月 10 日

目录

小学语文教学实例

薛莹"角色语文"教学模型

　　语文是人的一种生命活动形式，语文课程是有关生命的课程，语文教育对促进人的发展具有重要的作用。苏联著名教育家苏霍姆林斯基说："教育——它首先是语言、书和活生生的人与人的关系。"这是他对教育，特别是对母语教育本质的表述，揭示了语文教育与人的发展紧密相连的关系。语文学习过程就是借助言语作品进行言语行为从而实现个体生命价值的过程。把学生作为活生生的人，把言语行为当成生命现象，立足于人的发展与解放，这便是语文教育的逻辑起点。语文教育伴随着每个人走过漫长的人生道路，影响着人的发展。因此可以说，语文教育既是一个国家全民的基础教育，又是一个民族成员的素质教育，同时还应该是每一个人终身教育的重要组成部分。

　　语文课堂教学是引导学生在语言运用情境中，发展思辨能力，提升思维逻辑，培育核心价值观，培养审美情趣，积累丰厚的文化底蕴，理解文化的多样性。

　　荔园小学薛莹老师在语文教学中，尊重学生主体，关注学生个性发展，通过角色代入式的移情体验，着力培养学生的共情力，提升其文学审美能力，激发其想象力和创造潜能，让他们在体验中学习和运用语文。

一、"角色语文"教学模型的概念与目标

薛莹老师的角色代入式语文教学模型，强调引导学生通过有角色感的朗读，以角色扮演的方式与课本角色产生共鸣，与故事内容形成心灵共振，从而有效训练学生的同理心、共情力，将学生带入人文情感与文学审美的世界。

从经验的视角来看，角色代入式语文教学模型能够调动学生参与课堂活动的积极性，是深受学生喜爱的一种教学方式，它符合以学生为主体的教育理念，能积极有效地调动学生的学习兴趣和学习动机。同时，角色扮演一般以合作学习的形式开展，能给予学生更多自主学习、合作学习的空间。学生通过相互交流、讨论、展示等活动，提高自主研读课文的能力。

当学生进入角色后，将跟随课文的描述，借助知识与经验，抛开自我，把自己完全当作所要扮演的那个人物。在这个过程中，学生便变成作品当中的"人"，以作品人物的视角来看作品情节，从而收获与读者视角不一样的体会和理解。这种学习方法能够帮助学生去思考作品人物的价值取向和道德标准，也能对作品内涵有更深层次的理解。而这种深刻的思考和理解是不会令学生厌烦与反感的，因为学生身处其中，已经与课堂教学内容融为一体，这就是角色代入的魅力所在。

在语文阅读教学中，要引导学生理解文本，促进学生与文本的对话，让学生与文本形成共鸣，需要"阅读共情力"。所谓"阅读共情力"是指学生有意识地把自己置身于文本所描写的情境中，设身处地地感受作者所描绘的文字世界，进而与文本融为一体，达到与文本情感共鸣的能力。一个"共情"的课堂，就是学生与文本对话与交融的过程。"角色语文"课堂有意识地培养学生的"阅读共情力"，引领学生进行角色替代，走进作者内心，走进文本的世界，让自己的心灵空间与文本空间相融合，实现"阅读共情"。而学生语文共情力的培养、"阅读共情"的实现，能使学生切身体

验、感悟作品，理解作品的主题和意义，实现与作品的融合，达成发展自我、健全人格的目标，最终提高学生的语文素养。

二、"角色语文"教学模型的理论依据

（一）"建构主义"学习理论

"建构主义"是学习理论中行为主义发展到认知主义以后的进一步发展，其思想来源繁杂，流派纷呈，关于学习的基本观点如下。

1．知识观

"建构主义"对知识的客观性和准确性提出了疑问，强调知识不是对现实的准确表征，而是对客观世界的一种解释和假设。"建构主义"认为知识不是以实体的形式存在于个体之外，而是由个体根据自己的经验建构起来的，然而对意义的建构，又要依赖于特定的情境。"建构主义"提出"超二元论"的知识观，即知识的客观性与主观性的辩证统一，以发现为主导的知识的接受与发现的辩证统一；以建构为主导的知识的结构与建构的辩证统一；知识的抽象性与具体性的辩证统一，以达成课本理论知识与生活体验性知识的有机联系，创建一种开放、积极互动的学习模式。

2．学生观

"建构主义"强调，学生并不是脑袋空空走进教室的。在日常生活中，在以往的学习中，他们已经形成了一定的知识积累。因此，教学不能无视学生已有的知识经验，另起灶炉，从外部直接装进新知识。而是要把现有的知识经验作为新知识的生长点，引导学生从原有的知识经验中"生长"出新的知识经验。教学不是知识的传递，而是知识的处理和转换。教师不单是知识的呈现者，更应该重视学生对各种现象的理解，洞察他们这些想法的由来，引导学生丰富或调整自己的理解。

3．学习观

"建构主义"对传统的教学观提出了尖锐批评，对学习做出了新的解释，强调学习的主动建构性、社会互动性和情境性。

（1）学习的主动建构性

"建构主义"认为，学习是由个体学习者基于自己的经验背景建构知识的过程，不是由教师向学生传递知识的过程。因此，学生是主动的信息构建者，不是被动的接受者，他要对外部信息做主动的选择和加工。

在阅读教学中，读者从文本中获取信息、构建意义的过程是阅读中必不可少的，读者的已有经验参与到认知和情感活动中，最终达到"阅读共情"，也被称为"共鸣"。

（2）学习的社会互动性

"建构主义"强调，学习是通过某种社会文化的参与，内化相关的知识和技能，掌握有关的工具的过程，这一过程常常需要通过一个学习共同体（learning community）的合作互动来完成。学习共同体是由学习者及助学者（包括教师、专家、辅导者等）共同构成的团体，他们经常在学习过程中进行沟通交流，分享各种学习资源，共同完成一定的学习任务，因而在成员之间形成了相互影响、相互促进的人际联系，并会产生一定的规范和文化。

（3）学习的情境性

"建构主义"提出了情境性认知（situated cognition）的观点，强调学习、知识和智慧的情境性，认为知识是不可能脱离活动情境而抽象存在的，学习应该与情境化的社会实践活动结合起来。知识存在于具体的、情境性的、可感知的活动之中，不是一套独立于情境的知识符号（如名词术语等），它只有通过应用活动才能真正被人所理解。个体的学习应该与情境化的社会实践活动联系在一起，如同手工作坊中的师傅带徒弟一样。学习者通过对某种社会实践活动的参与，而逐步掌握有关的社会规则、工作、活动程序等，形成相应的知识。

（二）"共情"理论

"共情"，最早是哲学和美学中的一个概念。德国哲学家劳伯特·费肖尔于 1873 年首先用德文单词移情作用"Einfuhlung"来表达人们把自己真实的心灵感受主动投射到客观事物上的一种现象。铁钦纳于 1909 年创造了一个英文新词"Empathy"来取代"Einfuhlung"，他把其定义为："一个客体人性化的过程，感觉自己进入别的东西的过程。"这个概念很快受到心理学家，特别是心理咨询者和治疗师们的重视。美国心理学家卡尔·罗杰斯对其进行了重要且深远的阐述，这促进了"共情"的研究，使得"共情"成为心理咨询和治疗中的核心概念。

随着研究的发展，关于"共情"的概念、结构和本质，各领域的研究者持有不同观点。为了减少"共情"研究的混乱，格兰兹坦于 1983 年提出了一个影响较大的"两成分理论"，即将"共情"的内容分为认知共情和情绪共情。认知共情是指对他人的目的、企图以及信仰的理解，而情绪共情则是指对他人情绪状态的感受。该理论得到了当下社会心理学家的普遍认可。

近年来，研究者为了细化"共情"的组成成分，还将"共情"进一步区分为感觉、采择（想象他人视角的能力）、认知采择（想象他人思想和动机的能力）和情感采择（想象他人情绪情感状态的能力），甚至将"共情"视为"观点采择"的同义词。

"共情"是人际交往的重要组成部分；因此部分学者认为对"共情"的成分研究并不能局限在认知与情感中。将"共情"移植到宏观社会情境中的研究者威力克和凡德认为，共情情境的判断能力、情感控制的方式、个人人格因素、共情反应的对象都是自变量，他们认为每一次的特定共情反应都是以上因素共同作用的结果。这一观点的与众不同之处是强调了共情反应对象也会左右"共情"的效果。

杜亚士和卡科贺夫也对共情成分提出了自己的看法，他们认为教育教学中的"共情"不仅是教师理解学生的行为和行为处境中的理由，还包括正确地向学生传达教师的"共情"，以丰富其个性的社会化发展，从而使学生对自我感受和社会经验有更深刻的认识。这就使"共情"的过程扩展到"表达"这一层面。因此，"共情"被认为是情绪、认知、表达的统一。

　　总的来说，在"共情"的本质问题和构成要素上，各派都没有达成完全统一，不同领域的研究者对"共情"有着不同的定义。但可以确定的是，"共情"是一种人与人之间的社会行为，是师生之间沟通的纽带，是理解文本的重要途径，将"共情"引入语文教学可以提升教学的有效性。

三、"角色语文"基本教学模型

　　薛莹老师"角色语文"教学模型由"导、研、悟、创"四个环节构成。"导"是创设情境，激趣导入新知，以调动学生的学习兴趣，激发学生主动学习和探求问题的兴趣。"研"重在深化认知，此环节是对文本的分析探讨，让学生体会文本形象的内心世界，感知文本形象的思想特点，领会文本形象的情感变化，由此对文本形象达到更加深入和真切的理解、把握。"悟"是对共情力的培养。学生体验多种形式的角色转换，充分发挥个人的主观能动性，把自我代入到文本中，并能够结合文本的内容进行思考和感悟，与文本中的形象融为一体。学生通过对文本形象和作者情感的移情体验，与文本形象产生情感共鸣，形成独特的个人感悟。薛莹老师一直遵循"以学生为本"的教学理念，重视学生个性的存在与发展，充分发挥学生的创新潜能。课堂上，她允许学生用自己喜欢的角色给教材中的形象定位。"创"是循循善诱，启发思考。鼓励他们把不同的看法及见解通过各种形式表达出来，从而使每个学生的个性得到充分展示，使"角色语文"课堂成为一个富有个性、富于创新的平台。

"共情"是人格塑造过程中至关重要的一环，它是一种潜移默化却影响深远的育人方式。在"导、研、悟、创"四个环节中，教师通过引导学生进入角色的教学方式，使学生受到熏陶感染形成共情思维，从而对文本进行多角度、多层次的解读，深入研究作者的写作意图及其所要传达的思想感情。有效训练学生的同理心、共情力，提升创新思维。使学生保持独立的个性，提高学生的语文素养，促进学习生态的构建和人格的健康发展。

四、"角色语文"教学模型的教学流程

语文是一门博大精深的学科，其综合性、实践性较强，学习内容丰富多彩，教法灵活多样。在"角色语文"教学模型的教学流程中，"阅读""写作"和"口语交际"课型各具特色，语文课堂生动活泼，异彩纷呈。

（一）阅读

阅读，是通过书面语言获取思想或体验情感的活动，是读者与作者语言和文学的对话。阅读文本以丰富的形象示人，以深邃的情感动人，确立共情是学习理解文本的必经之路。

关于阅读，首先被广泛接受的是认知心理学家吉布森和利文的"意义提取说"，他认为阅读是加工信息、提取意义的过程。20 世纪以来，接受美学关于将文本的解读从"作品中心"迁移至"读者中心"的观点，肯定了读者已有的审美经验会对文本接受产生影响，甚至能赋予文本新的意义，这就从交互逻辑上肯定了读者与文本的共鸣、读者与文本的共情。学生将自己的感觉、思想、情感、意志等思维活动通过朗读移入文本之中的角色，从而达到感作者之所感，思人物之所思的效果。

"角色语文"阅读课型教学流程

教学环节	教学手段	学生参与	教学目标
导	创设情境	主动求知	创设情境,激趣导入。以期活跃课堂气氛,激发学生强烈的求知欲和探求问题的动机,使学生积极参与到对新知的探索、发现和认识过程中
研	研读文本	角色感知	通过多种形式进入角色,充分发挥学生的主观能动性,深入探究和理解文本,获得知性理解,把握内在神韵
悟	联想想象	移情体验	发挥联想与想象,通过角色转换透视文本角色的内心。换位思考,移情体验,使学生和文本形象或作者产生情感共鸣,亲历共情
创	循循善诱	个性展示	启发引导学生独立思考,使学生个性得到充分展示,形成个性理解和个人感悟,升华情感

角色朗读

薛莹老师在阅读课教学中,善于根据教学需求精心设计朗读过程,科学合理地选择每一环节的朗读形式,并从语气、语调和感情等方面给予指导,让学生们根据对文本的理解进行发挥。因为不同形式的朗读在不同环节的作用有所不同,如范读与学生的试读,先后次序互换一下,它们各自所担负的任务、要达到的目的就会产生变化。在初读课文阶段,学生需要整体感知,初步感悟课文的内容,一般采用速度较快的轻声诵读或自由默读。当需要借助朗读来帮助学生分清段中的内容、层次时,宜用引读。当遇到对话较多、情趣较浓的课文时,则采取分角色朗读或表演读。当需要渲染气氛时,宜用男女赛读或齐读。当需要激情引趣或学生朗读得不到位时,宜用范读指导。但薛莹老师也指出,范读只能起"示范、启发"作用,而不是让学生机械地模仿。需注意的是,一节课中范读不能太多,要尽可能多地留些时间让学生自己练读,鼓励学生有个性地朗读。

朗读训练与文本理解是相辅相成的。反复朗读可以帮助学生理解文本内容，体会感情；在理解内容的基础上进行朗读训练，可以提高朗读效果，加深对文章内容及蕴含的思想感情的领会、品味。叶圣陶先生指出："吟诵的时候，对于研究所得的不仅是理智的了解，而且有亲身的体会，不知不觉间，内容与理解化为读者自己的东西了，这是可贵的一种境界。"课文中有些内容言辞含蓄、内涵深刻，作者没有直接点明其深意，需要在反复朗读中细细品味。

角色扮演

除了指导学生进行分角色朗读，让学生直接感受到语文课的魅力，薛莹老师在教学中还充分利用教材特点，根据学生的知识水平和认知能力选择教学方式。比如开展课本剧比赛，通过角色扮演让所有的学生全程参与整个活动，学生在活动中，通过体验理解来感悟生活、感悟人生。

运用角色扮演的教学方式，首先要选择合适的课文。因为并非所有的课文都适合角色扮演的教学方式，例如拼音学习课或风景类课文等。一般选择具有较多对话和动作的课文，再从中选择恰当的课文情境。其次是根据所选课文进行充分的课前准备，包括道具准备、学生选择、课前排练等。选择表演学生时，薛莹老师会尽量使每一个学生在一个学期中都能够享受到表演的乐趣，学习如何表演，从而拓展其知识范围。角色扮演在应用中的重点是创设情境，因此，薛莹老师会借助各种方法尽可能创设真实的环境。在课堂表演之前，她会先与学生共同分析课文，做好课文情景模拟，把握文章重点，最后做讲评总结。当表演结束后，薛莹老师首先会肯定学生在表演中的表现，然后对其他学生进行启发式提问，在学生们回答完以后，再由表演的学生对这些问题进行回答，以此增强学生对课文的理解。

角色扮演应用于语文教学，能激发学生学习兴趣，调动学生学习的积极性和主动性，促进学生对文本内容的理解和把握。教师与学生之间、学生与学生之间通过角色扮演形成不同维度的互动，在优化学生学习效果的同时，提升学生的语文素养。

角色代入

在语文教学中，角色代入是指通过多种手段引导学生反复阅读课文，增强对课文中字、词、句的体会，感受课文中人物的感情，从而走进人物的内心世界，了解作者的写作目的。角色代入能够激发学生学习语文的兴趣，帮助学生透视作品中人物的内心世界，让学生更深入地解读文本、感悟作品中蕴含的人文情怀的同时，丰富情感，训练思维，提升阅读能力。

因此，薛莹老师会根据阅读教学中的需求，采用角色代入的教学方式。如何让学生真正进入角色？首先是揣摩文本。因为要将自身代入角色，需要对文本充分熟悉，对角色有一定程度了解，所以，预先揣摩步骤必不可少。揣摩的内容主要包括收集文本创作的背景资料，熟悉文本的整体内容，了解角色所处的环境。其次是引导学生营造环境，在学生进入角色的过程中，教师的引导直接关系到学生进入角色的程度。薛莹老师常从以下三个方面入手：（1）实物模拟。利用各种道具来创设文本中的情境，吸引学生的兴趣，让学生进入角色，从而产生代入的愿望和冲动。（2）音乐渲染。适时播放音乐营造氛围，让角色代入中的学生更加深入人物内心，在情感上与文本中的人物产生共鸣。（3）画面（图片、视频等）感染。画面可以更加直观地多角度地再现场景，让学生有身临其境之感，从而更好地沉浸到文本中。

薛莹老师在引导的过程中，还特别注重学生的情感体验，有时使用生动形象的语言、动作引导，有时采用感情充沛的深情朗读，有时还会通过互动演绎来让学生更深入地走进文本，进入角色，把握人物的情感。

由此可见，在角色代入的课堂上，根据不同的文本采取相应的方法，甚至可以多种方法综合运用，把学生引入文本创设的情境，使他们进入角色，与文本中的人物产生心灵上的共鸣，真正地理解人物，把握作品的中心，在作品的字里行间畅游，在丰富的想象中翱翔。

（二）写作

写作从根本上说是一种个性化活动。生命个体面对宇宙、人生和短暂生命，会主动去体验、思考和感悟，写作正是这种心灵历程的写照。

培养学生的角色意识，在写作教学中具有极其重要的意义。若要写出有血有肉的作文，就要引导学生进入角色去联想和体验。只有经过体验才能通过构思把自己的角色感受表达出来。

"角色语文"写作课型教学流程

教学环节	教学手段	学生参与	教学目标
导	创设情境	明确任务	根据教学目标创设情境，激发学生的写作兴趣，并明确习作任务
研	兴趣驱动	角色感知	兴趣驱动，鼓励学生发挥联想和想象，感知角色，调动情感，激发学生的表达需要
悟	技法点拨	以读助写	引导学生角色代入，开启情感，拓展思路。同时点拨写作技法，读写结合，以读促写。鼓励学生深刻而真挚地表达角色感受
创	赏析评定	思维训练	通过作文的赏析和评讲，提升学生的思维能力，引领正确的价值观

古今中外，许多名家在创作时会进入角色，处于忘我的状态。薛莹老师在作文课上常常引经据典，给学生绘声绘色地讲一些名人创作趣事，以期激发学生的学习兴趣，引导学生在写作时尝试体味和揣摩作文中的人物，使自己进入角色。鼓励学生把自己的生活、感情和阅读中所展示的以及学生想要展示的生活、感情相比照、相联系。在写作时，学生一旦进入角色，就会在命题范围内寻找到自己的写作"需要"，产生强烈的写作欲望和热情。如此"入境"的写作，必然是一篇真情实感自然流露、感染力强的好文章。

"角色语文"教学，分为习作指导和习作讲评两个部分，具体环节如下。

习作前，精心布局当"导演"。写作之前开展激发兴趣的教学活动，以创设情境为主，兼有话题交流。旨在引爆学生的情感思维，使学生感到作文课的新奇、有趣和快乐。同时也为接下来的作文指导提供素材，使学生的习作言之有物。

薛莹老师深知，一篇优秀的作文必须要融入作者的真情实感才会有血有肉，才能有思想、有灵魂。要实现这一切，教师要扮演好"导演"的角色，充分调动这些学生"演员"的热情，为写作打下坚实而有效的基础。因此，创设情境要有新意。比如设计小实验、小游戏、小观察、小节目、小场面等；方法要灵活多样，别具一格，有新意。有时，薛莹老师会根据教学需要组织学生参加户外活动，观察自然现象，体验生活，扩大视野。学生在潜移默化中会自然而然地意识到，作文就是"我手写我心"。

有了"导演"的"精心布局"，作文课在开课伊始，便会收到"未成曲调先有情"和虽"未动笔文在胸"的效果。

习作中，指导点拨进角色。经过长期实践，薛莹老师发现"角色代入"对于学生习作中情感的唤醒有着极大的作用。角色代入是情境教学的延伸，在教学中老师引导学生将自己想象成某个预定角色，并把自己与角色的身份、情感融为一体，全身心投入角色，体验角色的经历，感悟角色内心，获得情感体验。

在写作指导阶段，薛莹老师还会通过多种手法积极调动学生的情感，以兴趣激发参与热情。由于创设情境环节的铺垫，学生的言之有物自然水到渠成。构思阶段，积极调动学生的思维，鼓励学生发挥想象和联想，启发学生运用平时的知识积累，使形象和事件更加丰满和完美。在写作阶段，薛莹老师动员学生发挥想象进入角色，精神保持高度集中，走入作文的境界中去体会和品味。比如，写到喜，学生先"眉飞色舞"；写到怒，学生先"怒火中烧";写到季节,通过联想和想象,感受繁花似锦的春天或冰天雪地的寒冬。这是感情的沟通和酝酿。接着,学生再进入所写人物的生活,想象自己和作品中的人物有着相同的身份和经历,只有设身处地,才能感同身受。如若达到"忘我"的境地,写景,使人如临其境;状物,使人有栩栩如生之感。真情实感流淌于字里行间,同时辅以技法点拨,结合文本学习和课外阅读,读中悟写,写有创意。学生的作文自然会充满灵气,打动人心。

习作后,赏析评定明得失。学生的习作完成后,薛莹老师通过开放式的评价指导,进一步激发学生兴趣,让学生体会写作成就感的同时,找到提升的空间,进而再次修改、完善作文。除了自主修改外,还可以小组互评,学生交换互读,欣赏亮点,提出改进建议。有时,薛莹老师会挑选有代表的习作进行评点,使学生从写作理论高度去认识自己习作中的得失,引领学生树立正确的价值观。

(三)口语交际

口语交际是交际双方或多方在特定的语境中,为了特定的交际目的,借助标准的有声语言和态势语言,进行听说互动,双向或多向交流的一种实践活动,教师应着眼于学生口语交际能力的发展,着力培养学生的基础口语交际能力。

口语交际教学有赖于教师的独创性设计和能动发挥,需要创设情境、营造氛围和角色转换,使学生产生身临其境的亲历感、现场感和对象感。只有在这种情境中,学生以交际互动为主要特征的口语交际能力才能得到有效锻炼和提升。

"角色语文"口语交际课型教学流程

教学环节	教学手段	学生参与	教学目标
导	创设情境	身临其境	通过创设情境，营造氛围，调动学生真实的情感体验，激发学生主动投入口语交际活动的强烈愿望
研	指导示范	角色感知	通过教师的指导点拨和示范，使学生学有方向、练有依托；从模仿中受到启发，深化对角色的感知和理解
悟	模拟交际	角色转换	模拟交际，在动态的双向或多向互动中，通过角色转换，培养学生的同理心
创	课外延伸	个性理解	立足文本，通过课外延伸，鼓励学生的个性理解，激发学生深入探究的欲望

薛莹老师在实践"角色语文"口语交际课时，会做充足的课前准备。主要是做好知识储备和情感酝酿，对情境所提供的信息进行筛选和整合，储备设计要表达、交流的话语，打好腹稿。每次课前，薛莹老师会根据口语交际课的具体内容，安排学生观察实践、收集资料或者体验生活等，尽量让学生胸中有物、说有依据。

进入课堂以后，各环节具体操作主要按以下方式展开。

环节一：创设情境

《全日制义务教育语文课程标准（实验稿）》指出："教学活动主要应在具体的交际情境中进行。"因此，薛莹老师会根据不同的交际内容灵活选用教学方法，比如，利用感染性的语言描述、多媒体课件或实物展示、讲述故事、游戏表演、模拟生活等方式创设口语交际的教学情境。

生动逼真的情境创设能够调动学生内在的真实情感体验，激发学生主动投入口语交际活动的强烈欲望。

环节二：指导示范

考虑到小学生的生活经历少，对口语交际的内容、方式及语言形式都比较生疏。在正式演练之前，薛莹老师会有意识地加强指导点拨和适时示范。指导点拨就是向学生讲解口语交际的方法和技巧，使学生学有方向、练有依托。适时示范就是根据学生善于模仿的天性，通过言行为学生做出示范，让学生学习模仿，从模仿中受到启发学到真谛，深化对交际角色的认知。

环节三：模拟交际

薛莹老师在课堂上积极倡导自主、合作、探究的学习方式。在口语交际课上，鼓励小组同学合作，模拟表演。最后选择口语交际范例，引导集体评议。通过交际过程中的角色转换，培养学生的同理心。

模拟交际中，薛莹老师非常注重提高学生的参与度。把主要的时间用于学生交流，保证学生的参与量；同时照顾到各个层次的学生，扩大学生的参与面；鼓励学生质疑解难、求异创新，追求较高的参与度。注重讨论、评价实效，指导学生们在交流中耐心倾听、深入思考、充分讨论、配合合作。

环节四：课外延伸

考虑到课堂的模拟交际与实际生活的差距，学生在课堂上通过口语交际所获得的知识，只有在学习生活的实践中才能逐渐形成能力。薛莹老师在口语交际课之后，还通过延伸交际的时间和拓展交际的空间，来构建学生进行口语交际活动更大的平台。主要采取以下措施：（1）向社会生活延伸、拓展，立足文本，面向社会，走进生活。（2）激发学生进一步思考探究，并在交际中创新。（3）引导学生联想和想象，注重学生情感、态度、价值观等的教育。

通过以上练习，培养学生的口语交际能力，在各种交际活动中，能让学生学会倾听、表达和交流，初步学会以文明的方式进行人际沟通和社会交往，发展合作精神。

五、"角色语文"教学模型的实践策略

（一）把握学情，创设情境

国外学者麦尔指出共情的发生过程为换位思考、倾听以及表达尊重。目前的研究者多用"共情表征"以及"知觉—行动"机制来阐释共情现象。我国语文教育心理学家董蓓菲、朱晓斌等也基于阅读教学的图式理论论述了共情策略，认为首先应伴随着社会情境、教学情境的建构进行，其次必须依赖于有效的学情把握，由教师主动承担起共情的责任。

因此，薛莹老师在"角色语文"教学中，首先把握学生的学情，了解学生的阅读水平以及存在的困难，以学定教，顺学而导，有的放矢。其次是创设情境，指导学生与文本对话，包括通读感知、细读品析、深读感悟，引导学生走进文本的语言文字意境中，理解文本内容，学习文本语言，品味文本情感。

（二）角色朗读

角色朗读对学生而言有一定的难度。要让它变得可操作和可评价，薛莹老师根据学情和文本，在教学实践中采取了相关的教学策略。首先，她引导学生揣摩角色的性格和心理，预定朗读的基调；有时还会借助与文本相关的道具或场景展开合作表演，体验人物的言行和喜怒哀乐，这样学生就能依据自己的理解和个性创造性地构建一个新的角色。正式朗读前，可插入简短的"练声环节"，主要有训练声音的抑扬顿挫、角色的换位和情境的转移等。薛莹老师还会根据需要对学生进行训练，练声时，要求学生坐姿端正，挺胸收腹，注意控制自己的呼吸。必要时利用播音软件及时评价修正。课堂上，教师时刻关注分角色朗读与核心素养培养的关联，从而提高学生的理解、感悟、鉴赏能力。

○ 解码优质课堂：素养导向的学科教学模型群 ●

（三）角色扮演

角色扮演作为一种互动性和趣味性很强的教育教学方式，在提高小学语文教学有效性的同时，对提高小学生的综合素养也有着重要的作用。

薛莹老师在课堂中运用角色扮演方式教学时，主要采取以下措施。

第一，明确目标，把握全局。

首先，结合教学内容和目的，考量评估是否需要采用角色扮演的方式；其次，评估角色扮演情节是否符合语文教学的要求和目的；再次，围绕既定教学目标，创建完善合理的角色扮演课程设计，并做好与学生的沟通交流和讲解，使学生明确角色扮演的要求、目的，确保角色扮演的作用和时效性，并控制好角色扮演的时间；最后，做好对角色扮演活动的评价，总结经验与不足。

第二，创设真实情境。

创设情境对于角色扮演至关重要。首先，尽可能创设真实的情境。角色扮演实际上是将课本中的虚拟场景投影到真实场景中，使学生融入其中。薛莹老师会充分利用现有资源，结合课文内容布局情境，为学生创造最真实最接近的角色情境。其次，辅助先进技术和设备。尽可能从空间和时间上营造与课文情境相近的环境和情境，增强情境融入感，提升教学质量。

第三，做好情景模拟。

角色扮演必须结合课文情境，把握课文重点。在活动开展时，薛莹老师先与学生共同分析课文，再进行角色扮演活动的组织策划，安排学生自己重新认知情境中的人物和情境。

第四，及时评价指导。

完成表演后，薛莹老师会及时进行评价和鼓励，肯定学生在表演中的表现和创意。同时还会指出扮演活动中存在的问题，为后续开展角色扮演教学积累经验。

（四）角色代入

角色代入，就是让学生通过阅读、扮演等手段，将自己想象成某个预定角色，并把自己的身份、情感与角色融为一体，体验角色的经历，以获得知识并引起情感的共鸣。通过环境描写身临其境，神态描写分析性格，语言描写体会心理等方法，在以抒情和议论为主的文体中，通过了解作者的生平，将自己代入角色，体会作者的思想感情。

薛莹老师在课堂上使用角色代入教学方式时，主要从以下几个方面展开。

第一，揣摩文本。

首先让学生收集文本创作的背景材料。学生在学习文本的过程中，要了解作者生平和写作背景，才能对文本主题有比较深入的认识，避免出现偏差。其次熟悉文本的故事梗概。通读、熟悉其中的每个细节，对文本中的内容了解透彻，理清人物之间的关系。在通读、熟读文本的基础上尝试从文意中体验情感，从情境进入角色。最后让学生有意识地了解角色所处的环境。因为人物的性格特点与环境密不可分，环境能在很大程度上决定人物的行为。

第二，营造环境。

薛莹老师常用的方法有：

1. 实物道具。利用文本中涉及的道具营造氛围，使学生产生代入的愿望和冲动。

2. 音乐渲染。音乐能影响人的情绪，课堂上可根据实际情境选择合适的音乐，激发学生在情感上与文本产生共鸣。

3. 视频及画面。可以让学生有身临其境之感，从而直观、多角度地观看场景，更好地代入到文本中。

第三，情感体验。

在引导学生进入角色的过程中，薛莹老师特别善于通过动作、语言等

○ 解码优质课堂：素养导向的学科教学模型群 ●

方法加深学生的情感体验。比如，通过预设语言来引导学生情绪，有时是一个问句，或是一声叹息。只要引导时机适当，就可以让学生随着教师的语言更加深入到角色当中。另外，教师、学生的朗读或师生的合作朗读不仅能激发学生的阅读积极性，还有助于学生沉浸到文本中，适当配乐效果则更好。

六、"角色语文"教学模型的风格特色

（一）精准教学

精准教学的价值不仅能激发学生自身的生命体验乃至生命成长，还能激发教育者自身的成长。

薛莹老师认为，教学目标是课堂教学的出发点和最终归宿，是整个教学实践活动的核心。为了精准确定教学目标，她从研究学生做起，精准了解学情，确定学生知识或技能的短板。同时认真研读教材，对重难点的分析切中要点，恰当定位，以保证教学有的放矢。

众所周知，教学内容是实现教学目标的载体。在精准教学活动中，她根据教材和学生实际精准设计教学内容，体现科学性和趣味性。在教学形式上，主要采用小组合作研创型学习，有利于学生综合应用能力的培养。在教学中循循善诱，指令清晰，启发思考，鼓励学生表达个性化思考和见解。对学生的学习行为进行精准评价，力求使学生有真正的收获。

（二）简约大气

大气，是教师的底气，是教师充满自信、运筹帷幄的良好素养的表现。

薛莹老师讲求课堂的简约大气。她以严谨与尊重的态度，使语文课堂清爽纯粹而又充实丰盈。她教学目标清晰明确，教学环节风行水上，教学

手段返璞归真。在教学中抓住语文教学最本真的东西，排除一切华而不实的教学内容与形式，追求真实自然、简约大气。从学生的需要出发，遵循语文学科的教学规律，回归本真。注重学生的思维培养和个性发展，让语文与生活紧密相连，努力构建开放大气、充满活力的语文课堂。

附：《伯牙鼓琴》教学案例

教学内容分析

　　《伯牙鼓琴》是部编版六年级上册第七单元的一篇课文。本文是一篇文言文，行文简洁流畅，讲述了千古流传的高山流水遇知音的故事。这个故事确立了中华民族高尚人际关系与友情的标准，是东方文化的瑰宝。古人云，"士为知己者死"，《伯牙鼓琴》所喻示的正是一种真知音的境界，这也正是此故事千百年来广为流传的魅力所在。

学情分析

　　六年级学生对文言文的表达形式已有了初步感知，也掌握了一些阅读文言文的基本方法，能借助注释理解基本内容。由于文言文的表达方式与学生日常使用的白话文之间有着较大的差异，因此，学生对于文言文依然有着初学的新鲜感与认知上的陌生感。本文虽然篇幅短小，但是语言凝练隽永，寓意深刻。高年级的学生在学习过程中能主动通过想象走进文本，但是在理解文意、读懂文本揭示的道理方面具有一定的困难。在学习方法上，应留给学生充分的学习时间和交流空间，让学生品读、感悟、表达，引导学生层层深入到学习内容之中，达成目标，习得方法，感受传统文化的魅力，提升语文素养。

教学目标

1.借助注释读通文义，通过反复诵读培养文言语感。

2.理解"知音"的内涵，懂得知音难觅，体会知音相知相惜的情感。

教学重点

学生凭借注释和工具书读通、读懂课文内容，在此基础上背诵积累。

教学难点

体会"知音"的内涵，感悟朋友之间的真挚感情。

教学流程

一、导入新课，创设情境（导）

师：同学们，今天我们来学习一篇特殊的课文。在学习之前，我们有必要见识一下课文中写到的一个重要物品：古琴。

PPT展示：相传，此琴乃人类始祖伏羲所制。伏羲见一梧桐有神灵之气，乃树中良材，令人伐之，截为三段。选择中段放在流水中浸泡七十二天，取出阴干。选良时吉日，请妙手匠人刘子奇制成乐器，名曰瑶琴。琴声清奇幽雅，悲壮悠长，有如天籁。

（老师口述：相传，这把琴是人类始祖伏羲制造的。伏羲看见一棵梧桐有神灵之气，是树中的良材，叫人砍掉，分成了三段。把中间那一段放在流水中浸泡整整七十二天后，在阴凉处晾干。选一个良辰吉日，请能工巧匠刘子奇制成乐器，给它取了很好听的名字，叫瑶琴。用它弹奏出来的音乐清奇幽雅，悲壮悠长，仿佛从天际传来。）

【设计意图】通过音乐、图片将学生引进本课，调动学生的学习兴趣，激发学生主动学习和探求问题的动机。在营造学习意境的同时，又为后面要呈现的悲壮做了铺垫。

师：这把琴好不好啊？可是我们现在再也见不到它了，怎么回事呢？

生：因为伯牙把琴摔破了。

师：伯牙是谁？

（生介绍伯牙。）

师：原来是一位弹琴的绝世高手。这样一位爱琴如命的高手为什么后来却——（生齐回答：破琴绝弦）了呢？

生：伯牙痛失了自己的知音。

师："破"和"绝"这两个动作十分决绝，我们可以从中感受到伯牙失去知音之后悲恸欲绝的心情。（课件播放"绝"的字形演进。）

看，这些都是"绝"字的不同字体，但是，中间的篆书最形象，仿佛一个跪坐的人正用"刀"把一束"丝"全部割断。那么课文里的"绝"割断的是什么呢？

你们还能用"绝"再组一些词语吗？

生：绝望、决绝、绝技、拒绝、谢绝、绝招、绝唱……

师：我发现你们组的词中有三个词特别有意思：绝技、绝望、绝唱。因为这三个词基本上概括了这篇课文的大概意思。

二、初读课文，整体感知（研）

师：请同学们自己多读几遍课文，注意把字音读准，把句子读通。

（生练读。）

（点名读。）

师：刚才同学们在读的时候，老师听出来了，有几个句子读起来挺有难度的，我们来看看。

PPT展示：善哉乎鼓琴！巍巍乎若太山。

PPT展示：善哉乎／鼓琴！巍巍乎／若太山。

PPT展示：善哉乎鼓琴，汤汤乎若流水。

PPT展示：伯牙破琴绝弦，终身不复鼓琴，以为世无足复为鼓琴者。

（师依次指导朗读以上四句。）

师：读得不错了，断句断得很好，读好了这几处，相信同学们再读这篇文章就没什么大问题了。谁愿意来读读？

（点名读。）

师：太山，即泰山，你读这句的时候，脑海里出现了什么样的泰山？

生：我脑海里出现了高大的泰山。

师：再读，把泰山的高大读出来。

（生读。）

师：你在读这句话时想到的是怎样的泰山？

生：我脑海里出现了高耸入云的泰山。

师：让我们通过你的朗读看见高耸入云的泰山。

（生读。）

师：好！高耸入云的泰山。"善哉乎鼓琴——"（生接读）。

师：这是他看到的泰山，还有不同的吗？

生：巍峨的泰山。

师：读出来。

（生读。）

师："善哉乎鼓琴——"

（生接读。）

师：谁继续读？

"少选之间而志在流水。锺子期又曰：善哉乎鼓琴，汤汤乎若流水。"当你读这句时，脑海里出现的是什么样的江河？

生：我脑海里出现了奔腾不息的江河。

师："善哉乎鼓琴——"

（生接读。）

师：同学们，读书就是要一边读一边想象，当你眼前能出现所读文字的画面时，那就是真正地读懂了。

伯牙鼓琴，他能用琴声表达心中所想，而锺子期能听懂他的音乐语言，这就叫知音啊。

请继续往下读。

（生读。）

师：古人说"读书百遍，其义自见"，相信通过这一阶段的朗读，大家对文章的意思已经都了解了。我准备考考你们，请认真看。

师：第一题。伯牙鼓琴，锺子期听之。（在 PPT 上画红线。）

生：伯牙弹琴，锺子期听他弹琴。

师：第二题。"方鼓琴而志在太山，锺子期曰：'善哉乎鼓琴，巍巍乎若太山！'"（在 PPT 上画红线。）

生：伯牙在弹琴的时候心里想着高山，锺子期说："你弹得真好呀，就像那巍峨的泰山。"

师：第三题。"锺子期死，伯牙破琴绝弦，终身不复鼓琴，以为世无足复为鼓琴者。"（在 PPT 上画红线。）

生：锺子期死了以后，伯牙摔琴断弦，终生不再弹琴，认为世上再也没有值得他为之弹琴的人了。

师：（鼓掌）我把掌声送给全班同学，你们不仅读得好，还有很强的理解能力。

【设计意图】学习文言文的基本方法是读，学习文言文最好的方法还是读。在学生初读课文的基础上，通过老师的范读、指导读，在自己想象中深化理解文本，体会人物的情感，感受文言文节奏之美，为下面的理解奠定基础。角色语文强调根据角色创设情境，设计朗读过程，有老师范读，但不拘泥于模仿，而是让学生自己边读边想象画面，获得个性化的朗读体验。

三、探究悟读，品悟绝技（悟）

绝技

师：你们能不能通过自己的探究找到文章中的"绝技"呢？先自己想想，看看谁身怀绝技？然后与同桌交流。

生：有伯牙的绝技，子期的绝技。

师：从哪里能看出他们的绝技？他们分别都擅长到什么程度呢？

生："方鼓琴而志在太山，锺子期曰：'善哉乎鼓琴，巍巍乎若太山。'少选之间而志在流水，锺子期又曰：'善哉乎鼓琴，汤汤乎若流水。'"

师：如果你是伯牙，听到子期对你的琴声理解得如此透彻、如此精妙，你会说什么？

生：您真是我的知音啊！

【设计意图】"悟"是对共情力的培养。以读促思，以读促悟，就能把"我"代入到文本中去，使学生主动参与阅读实践活动，并能够结合文本的内容进行思考和感悟，与文本形象融为一体。

师：是啊，从此后就有了知音一词，知音就成了好朋友，知心朋友的代名词，那除了音乐之外，还有什么原因促成伯牙和子期成为旷世知音？

请迅速阅读伯牙和锺子期的拓展资料，看看你们发现了什么？

（学生阅读，教师巡视。）

四、交流讨论，感绝望、绝唱（创）

师：谁来说说？

生A：他们是互相欣赏的两个人。

生B：他们是互相敬重的两个人。

○ 解码优质课堂：素养导向的学科教学模型群 ●

生C：他们志同道合，彼此欣赏，心心相印，正所谓"知音更知心"啊！

师：身为名满天下的大音乐家，伯牙经过苦苦寻觅，终于遇到知音子期，该怎样形容伯牙的心情呢？

生：高兴至极、欣喜若狂、喜不自禁……

【设计意图】人与人之间需要的正是心灵与心灵的交流，伯牙和子期彼此欣赏，他们就是一对真正的知音。补充资料的使用，让学生了解伯牙和子期之间的深厚友情，通过角色代入、角色转换透视角色内心，产生情感共鸣，形成独特的个人感悟。通过想象和入情入境的朗读，把伯牙、子期心心相印的情感渲染得越浓烈，后面伯牙失去知音之痛就越深刻。

绝望

师：可是，一年后，又发生了什么事呢？

生：锺子期死了，伯牙摔琴断弦，终生不再弹琴。

师：同学们都能感受伯牙当时的悲苦之情。有本书上留下了这样记述：

PPT展示：伯牙走后，子期白日砍柴，夜晚攻读，心力耗尽，不幸身亡。伯牙闻讯，泪如涌泉，大叫一声，昏绝于地……来到墓前，伯牙命童子把瑶琴取出，放于祭石之上。盘膝坟旁，挥泪两行，抚琴一操，琴韵铿锵。一曲弹毕，仰天长叹：

忆昔去年春，江边曾会君。今日重来访，不见知音人。但见一抔土，惨然伤我心。伤心伤心复伤心，不忍泪珠纷。来欢去何苦，江畔起愁云。子期子期兮，你我千金义。历尽天涯无足语，此曲终兮不复弹，三尺瑶琴为君死！

歌罢，伯牙取出刀来，割断琴弦，双手举琴，向祭石台上用力一摔，摔得玉轸抛残，金徽零乱！

师：刚才大家听到的，就是广为传扬的《伯牙绝弦谢知音》故事中的一个片段。听着伯牙悲凉的短歌，看着伯牙悲壮的举动，我想大家一定能用一个词语来形容伯牙此刻的心情！

生：绝望。

师：多么意想不到，多么令人绝望的一幕啊（出示课件）："锺子期死。伯牙破琴绝弦，终身不复鼓琴，以为世无足复为鼓琴者。"

师：你们从老师的朗读中听出了什么？

生：悲伤、伤心欲绝……

师：老师刚才是怎么读的，还记得吗？

（生模仿读。）

师：读到这里，你们还有什么问题想问吗？

生A：伯牙不能再去寻找另一位知音吗？

生B：伯牙为什么一定要破琴绝弦，他为什么不用琴声表达对锺子期的思念？

师：同学们提的问题都很好，老师建议你们去买一本冯梦龙的《警世通言》，书里有《伯牙摔琴谢知音》这个故事，你们会在书中找到答案。

【设计意图】阅读是读者与作者、读者与人物、读者与自己之间相互对话的过程，通过不同文本的阅读，以己度人，走进人物内心，感悟伯牙失去知己的无边孤寂和怀念之情，让学生为伯牙痛苦绝望的悲凉之情发出感叹，理解千古知音最难觅，把听、说、读有机结合起来。在诵读中，学生领悟到文本的意义，效果丝毫不会逊色于单纯进行文字分析时所能获得的信息。

绝唱

师：现在让我们来解读"绝唱"，结合课文说说，什么是绝唱呢？请大家发表意见。

生：伯牙弹的这首乐曲是绝唱。

师：是啊，伯牙弹给子期的这首《高山流水》，能流传至今，它成了友情的象征，它是绝唱。那除了乐曲，还有什么是绝唱？

生A：伯牙和子期的故事是绝唱。

生 B：伯牙为了纪念自己的知音，将自己心爱的琴摔破，再也不弹琴。这两位惺惺相惜的知己，这一段人间佳话，可以称为绝唱。

师：文章虽短，却传唱千古。它记载了人与人之间友情的典范，所以是千古绝唱。既然是千古绝唱，我们就要把它背下来，我们还要背出气势，背出韵味，背出深情来。

（生背诵课文。）

师：让我们记住这千古绝唱，让它传唱千古！

（下课。）

【设计意图】从开始的读准确、读通顺，到读得有节奏，再到一句一句感悟读，直至最后的背诵，"角色语文"的朗读并不是简单机械的重复，而是环环相扣，步步提升。在多种形式的角色朗读熏染中，使学生获得文言语感，并穿越历史时空，与人物共情，与作者对话，与故事相融，形成同理心，获得阅读力，读出伯牙、子期的相识相知，读出他们的情深意长，读出故事的荡气回肠，获得更深层次的情感体验。

［深圳市福田区荔园小学（荔园教育集团）玮鹏校区　薛莹］

谢佳芮"素养导向的对话语文"教学模型

"语文是一门学习语言文字运用的综合性、实践性课程。义务教育阶段的语文课程应让学生学会初步运用祖国语言文字交流沟通，吸收古今中外优秀文化，提高思想文化修养，促进自身精神成长。"[摘自《义务教育语文课程标准（2011 年版）》]

语文课程的基本特点，是人文性与工具性的统一，具有一定的审美性与实用性。通过语文教育，学生获得的具有终身发展价值的人格修养与语言文字能力，是语文学科核心素养形成的基础。可以说，语文学科核心素养是语文学科育人价值的集中体现。

那么，语文学科核心素养具体指什么呢？《普通高中语文课程目标（2017 年版 2020 年修订）》对此做出了阐释——语文学科核心素养，是学生在积极的语言实践活动中积累与构建起来，并在真实的语言运用情境中表现出来的语言能力及其品质；是学生在语文学习中获得的语言知识与语言能力，思维方法与思维品质，情感、态度与价值观的综合体现。

语文学科核心素养主要包括"语言建构与运用""思维发展与提升""审美鉴赏与创造""文化传承与理解"四个方面。这四个方面相互区别、相互联系，共同构成一个整体。其中，语言建构与运用是语文学科核心素养的基础；而在语文课程中，学生的思维发展与提升、审美鉴赏与创造、文化传承与理解，又都建立在语言建构与运用的基础上，并在学生个体言语经验发展过程中得以实现。

深圳市福田区荔园小学关注学生核心素养的培养，通过实施多元教育，促进学生的全面、和谐、自主发展，最终培养出具有"好习惯、好性格、好身体、好品味、好思维、广视野、厚底蕴"的荔园学子。其中，语文教学以提升学生的语文核心素养为最终教学目标，强调站在发展立场上看待语文教学的价值，并对各方面资源进行统筹，对学习关系进行重构，让学生获得持续浸润式的核心素养的提升。

一、素养导向的"对话语文"教学模型的概念与目标

为促进学生语文核心素养的提升，谢佳芮老师在把握学生具体学情的基础上，结合自身丰富的教学经验，提炼出了以学生素养培育为导向的"对话式"语文课堂学习模式（简称"对话语文"）。

"对话语文"学习模式以培养学生"语言建构与运用""思维发展与提升""审美鉴赏与创造""文化传承与理解"的语文核心素养为主要目标，基于"人本主义"学习理论、"建构主义"理论、"语用学"理论以及"教学目标分类"理论，注重课堂学习中的对话设计与组织，通过多元对话重构学习关系，促进学生自主学习以及元认知能力的建立。"对话语文"关注学生自我体验，精心设计课堂学习流程，训练学生的思维发展和语言表达，推动学生在学语文、用语文，用语文思维解决生活问题的过程中获得持续的学科浸润，全面提升语文素养。

通过"对话语文"教学模型，谢佳芮老师在课堂上主要从以下几方面关注学生的成长。

（一）促进学生语言的建构与运用

语言建构与运用是指学生在丰富的语言实践中，通过主动积累、梳理和整合，逐步掌握祖国语言文字特点及其运用规律，形成个体的语言经验，在具体语言情境中正确有效地运用祖国语言文字进行交流沟通的能力。

相比过去传统的语文教学，新课程改革所倡导培养的语言能力，更侧重于实际生活中的语言积累与运用，并逐渐构建起具有个性特点的语库，完善表达方式。

因此，在"对话语文"教学模型中，谢佳芮老师注重以读写结合的教学方式来培养学生语言能力。一方面是创设良好的阅读环境，给予学生充分的时间获取阅读体验并进入深度思考。另一方面是使学生进行多次写作练习并反复评改，让学生回忆起平时的阅读积累、生活体验和个性化想法，并以写作的方式表达出来，使学生得到情感表达的同时，强化语感和语用，最终达到语文核心素养在语言运用方面的要求。

（二）关注学生思维的发展与提升

思维的发展与提升是指学生在语文学习过程中，通过语言运用获得直觉思维、形象思维、逻辑思维、辩证思维和创造思维的发展，以及深刻性、敏捷性、灵活性、批判性和独创性等思维品质的提升。

"对话语文"旨在运用多种思维训练方法促进多种思维相互交融，共同发展。通过师生问答、课堂辩论、开放性问题、形象品析、对比评价，使学生思维的深刻性、敏捷性、灵活性、批判性和独创性得到全面发展，从简单思维发展为高阶思维，使学生具备处理复杂问题的思维能力。

学生的思维是否活跃，最直观的体现就是他的语言运用能力。语言是思维的物质载体，思维的成果需要语言来外化表现；如果没有语言，思维则无法得到全面表述。再者，思维能够对语言进行完善，比如，习作前需要先构思。因此，谢佳芮老师一方面通过对话的形式，引导、启发学生进行由浅入深的思考；另一方面，通过阅读与习作来促进学生思维的发展与提升。

（三）注重学生审美的鉴赏与创造

审美鉴赏与创造是指学生在语文学习中形成的审美意识、审美情趣、审美品位、审美体验、审美评价能力、审美表现和审美创造能力。

在教学过程中，谢佳芮老师有丰富的审美路径，通过动态审美、跨界审美、审美对比，使学生获得深度审美体验。动态审美，紧跟时代发展的审美观，贴近生活实际，是审美的创造。跨界审美，借助学科统整提高审美的广度和深度。审美对比，即通过对比体会不同维度的美，如中外对比、古今对比等。学生通过反复品读、范文鉴赏、对比朗读、跨界感知等自我体验，加深对知识的理解与掌握，以个人充分感知抵达个性情感体验，最终形成审美鉴赏与创造的能力。

（四）强化学生文化的传承与理解

文化的传承与理解，是指学生在语文学习中形成继承中华优秀传统文化，理解、借鉴不同民族和地域文化的能力，以及在语文学习过程中表现出来的文化视野、文化自觉意识和文化自信态度。

在谢佳芮老师的课堂上，文化不是独立于课堂的一座孤岛，多民族、多地域、多时空、多学科的文化让课堂变成一座丰富的花园。在教学过程中，谢佳芮老师注重回归传统文化，特别是在古诗词的学习中，聚焦传统文化的传承。在授课时并不是将诗词逐字翻译，让学生简单理解，死记硬背，而是关注文化内涵，培养学生对优秀传统文化的认同感。

二、"对话语文"教学模型的理论依据

（一）"人本主义"学习理论

"人本主义"学习理论是建立在"人本主义"心理学的基础之上的，其主要代表人物是马斯洛和罗杰斯。

"人本主义"心理学是 20 世纪五六十年代兴起于美国的一种心理学思潮，是继行为主义和精神分析的第三大势力。相对其他心理学流派来说，"人本主义"者认为行为主义将人类学习混同于一般动物学习，不能体现人类本身的特性；而认知心理学虽然重视人类认知结构，却忽视了人类情感、价值观、态度等最能体现人类特性的因素对学习的影响。据此，"人本主义"心理学主张要理解一个人的行为，必须理解他所知觉的世界，即必须从行为者的角度来看待事物；要改变一个人的行为，首先必须改变其信念和知觉。所以，"人本主义"者注重学习者的知觉、情感、信念和意图等内部因素，于是罗杰斯提出了以学生为中心构建学习情境的学习观。

罗杰斯的学习观是"人本主义"学习理论的集中体现。"人本主义"学习理论十分重视学习者高层次学习动机的激发，强调充分发展学习者的潜能和积极向上的自我概念、价值观和态度的体系，进而使学习者成为人格充分发挥作用的人。"人本主义"心理学主张把人作为一个整体来研究，基于正常的个体，综合个体完整的心理状况，注重个体的人格、信念、尊严和热情等高级心理活动。因此"人本主义"的学习理论是从"全人教育"的视角阐释学习者的成长历程，关注人性的发展，注重启发学习者的经验和创造潜能，引导其结合自身认知和已有经验自行感知世界，并生发出对世界的理解，进而肯定自我，最终达到自我实现的最高境界。

谢佳芮老师的"对话语文"教学模型以"人本主义"学习理论为指导，遵循"以学生为中心"的原则，通过师生之间、生生之间的对话，达

到情感和思想上的共鸣；在教学过程中注重学生的体验，通过激发学生的学习动机和学习潜能，引导学生结合已有经验去感知事物，最终实现自我认知的提升。

（二）"建构主义"理论

"建构主义"理论是认知心理学的主要理论之一，其发展受到皮亚杰、杜威、维果茨基等人的影响。"建构主义"有三方面的基本观点，分别是"建构主义"知识观、"建构主义"学习观和"建构主义"教学观。

"建构主义"知识观认为，知识不是对现实纯粹客观的反映，而是人们对客观世界的一种解释、假设或假说，会随着人们认识程度的深入不断变革、深化，最后形成新的解释和假设。对于知识的理解，既需要个体基于自身的知识经验而建构，又依赖于特定情境下的学习历程。

学习是学生主动建构知识的过程，这是"建构主义"学习观的主要观点。学生不是简单被动地接收信息，而是主动地建构知识的意义。学习是学习者根据自己的经验背景，对外部信息进行主动地选择、加工和处理，从而生成个人的意义或个人的理解的过程。个人头脑中已有的知识经验不同，调动的知识经验不同，对所接收的信息的解释也就不同。

"建构主义"教学观认为，教学不能无视学习者已有的知识经验，不能简单地从外部对学习者进行知识的"填灌"，而应该把学习者原有的知识经验作为新知识的生长点，引导学习者从原有的知识经验中主动建构新的知识经验。教学不是知识的传递，而是知识的处理和转换。师生、生生之间，需要共同针对某些问题进行探索，并在探索的过程中相互交流和质疑。

在"建构主义"者眼中，情境、协作、会话和意义建构是学习环境的四大要素。其中，学习是对新信息的意义建构，同时又包含对原有经验的改造和重组。

可以说，"建构主义"通过"对话语文"教学模型得到了较为具体的呈现。教师要通过对话激活学生的旧知，智慧地引导学生在原有的经验基础上主动建构新的知识经验；"对话语文"注重学生的自主体验和感悟，强调学习过程中的探索，师生、生生之间的相互交流与质疑。

（三）语用学理论

语用学 (Pragmatics) 是现代语言学的一个分支学派，是专门研究语言的理解和使用的学科。语用学的概念，最早于 20 世纪 30 年代由美国学者莫里斯和卡纳普提出，随后英国哲学家奥斯汀和塞尔勒以及美国语用学家格莱斯先后发表"语言行为"理论以及"会话中合作"原则，使语用学的发展得到逐渐完善。

高航、严辰松在《语用学在中国 20 年综述》一文中，对 20 世纪 80 年代以来语用学在中国的发展历程进行了梳理。20 世纪 80 年代，语用学开始受到外语界和汉语界的共同关注。外语界主要引介国外的微观语用学，研究方向包括 9 个方面：言语行为，会话含义，关联理论，会话分析，指示、预设、礼貌现象，语用法的规约化和语法化，语用学和外语教学。而汉语界学者更多关注的是从语用角度研究语法现象，探讨与语法相关的非语言因素；其中对语用因素的理解，除了传统微观语用学的内容外，还涵盖了话语分析、功能语法和认知语法等内容。

《义务教育语文课程标准（2011 年版）》提出，语文课程致力于培养学生的语言文字运用能力，提升学生的综合素养，为学好其他课程打下基础；为学生形成正确的世界观、人生观、价值观，形成良好个性和健全人格打下基础；为学生的全面发展和终身发展打下基础。由此可以看出，"语用"是语文教学的本质内容；"语用"有助于学生语文素养的发展。

语用学理论在国内的教学研究主要集中在语用学结合语文教学、语文阅读、语文写作。语用学理论所强调的语言运用能力，恰恰与语文核心素养中的基础——语言建构与运用能力的内涵相一致。

○ 解码优质课堂：素养导向的学科教学模型群 ●

在"对话语文"学习模式中，教师注重对学生的语言表达和文字运用能力的培养。通过对话的方式，引导学生思考，促进学生语言表达能力的提升，即从概括表达到思辨表达，最后到补白表达，三个思维层面的表达能力训练以层级式提升，每一步都在为下一步的能力训练做铺垫。最终，学生以创作的形式，将语言表达与文字运用能力的习得呈现出来。

（四）教学目标分类理论

20 世纪 50 年代，美国当代著名心理学家、教育家布卢姆受到行为主义和认知心理学的影响，将教育目标分成了认知、情感和动作技能三个领域。其中，认知领域的教育目标又分为知识、领会、运用、分析、综合、评价六个层次。这是根据学习者所需的能力以及技能水平的高低，从低级到高级、由简单到复杂进行排列的。

认知领域教育目标的六个层次

布卢姆提出的这个分类框架能为测量学习结果提供参照标准，且便于明确学生学习的成效，但未能很好地理清"知识的掌握"与"能力的形成"两者之间的关系。后来，其他学者便以此为基础和突破点，提出了新的教育目标分类学理论。比如，美国教育心理学家加涅的学习结果分类理论、美国教育专家马扎诺教育目标分类学以及 SOLO 分类理论等。直到 2001 年，布卢姆的学生安德森与团队深入研究，发表了布卢姆认知教育目标分类的修订版。至此，新的"认知教育目标两维分类表"得以面世。

认知教育目标两维分类表

知识维度	认知过程维度					
	1.记忆／回忆	2.理解	3.应用	4.分析	5.评价	6.创造
A. 事实性知识						
B. 概念性知识						
C. 程序性知识						
D. 元认知知识						

新修订的布卢姆教学目标分类由"知识维度"和"认知过程维度"构成，安德森等人认为，任何一个强调认知的教学目标都应该能够被归于该表的一个或多个方格之中。

在知识维度方面，安德森等人选定了四大知识类别：其中，事实性知识是指学生通晓一门学科或解决其中的问题所必须了解的基本要素；概念性知识，是指在一个更大体系内共同产生作用的基本要素之间的关系；程序性知识，是指做某事的方法，探究的方法，以及使用技能、算法、技术和方法的准则；而元认知知识，是指关于一般认知的知识以及关于自我认知的意识和知识。

认知过程维度方面包括记忆／回忆、理解、应用、分析、评价和创造。其中，回忆是指从长时记忆中提取相关的知识；理解是指从包括口头、书面和图像等交流形式的教学信息中建构意义；应用是指在给定的情境中执行或使用某一程序；分析是将材料分解成它的组成部分，并确定各部分之间的相互关系以及各部分与总体结构或总目标之间的关系；评价是指基于准则或标准做出判断；创造是将要素组成新颖的、内在一致的整体，或者生成原创性产品。

"对话语文"贯穿整个小学语文课堂，并涉及不同的课型。而不同课型、不同年级所涉及的教学目标以及要达到的素养水平，也有所不同。

《义务教育语文课程标准（2011 年版）》中提出，课程目标从知识与能力、过程与方法、情感态度与价值观（即"三维目标"）三个方面设计，着眼于语文素养的整体提高。课程标准在"总目标"之下，义务教育小学阶段按 1～2 年级、3～4 年级、5～6 年级三个学段，分别提出"学段目标与内容"：从"识字与写字""阅读""写作"（第一学段为"写话"，第二、第三学段为"习作"）"口语交际""综合性学习"五个方面，对每一学段提出了不同层次的要求。各个学段的目标与内容相互联系，且呈动态的、线性的联系，螺旋上升，最终全面达成总目标。

由于三维目标没有亚类分层，加上语文学科知识本身分类界限模糊，有些教师在小学语文的教学目标设置或课程评价方面往往无从下手。因此，结合布卢姆的教学目标分类理论，对小学语文的教学目标进行具体分类便显得尤为重要。这不仅可以让教育者从学生的角度审视目标、全面考虑到教学过程中的各种可能性；还可以促使教育者思考在有限的课堂时间内，什么值得学生学习，又该如何教学才能让大部分学生进行高层次的学习；更能促进语文课上教与学关系的平衡、课堂的高效达成，以及学生语文素养水平的提升。

三、"对话语文"基本教学模型

"对话语文"基本教学模型大体呈现"定、导、让、推、立"五个环节。对应的教学手段是"对话准备——定制设计""自我对话——自学导引""合作对话——让位学生""师生对话——思维助推""生活对话——素养立人"。

谢佳芮老师"对话语文"教学模型的全过程都贯穿着"对话"这一要素,以"对话"作为线索贯穿课堂始终,每一个教学环节都可能涉及"预备对话、精细对话、策略对话、自由对话、思辨对话"等对话形式。她通过师生对话、生生对话、教师与文本对话、学生与文本对话,使学生在对话中培养自己的思维表达,提升自己的语文学科核心素养。

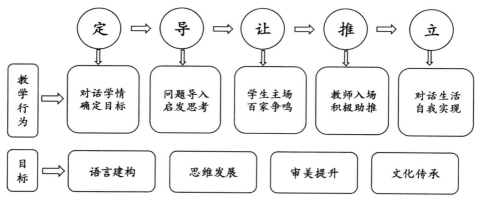

"对话语文"教学模型基本环节

(一)"对话准备——定制设计"(定)

进入教学之前,教师对学习者需求和知识基础进行分析,再根据学习基础对学生的课堂学习任务与合作流程进行定制化设计。学情包括学段学习要求和学生个性特点。依据语文新课标对不同学段的学习要求,教师制定出适合本学段学生学习水平的教学目标，这是理性角度的准备。而学生的个性特点包括学生的身心特征、认知发展水平、已有的生活经验等，以本班班情为基础，寻找学生与文本对话的切入点，这是感性角度的准备。教师根据两个角度的现实学情，定制出能引导学生进入文本的话题。

教师依据学情定制的话题，应该是在授课刚开始时就能激发学生对话兴趣的有效话题。在授课时，教师将定制的话题巧妙抛出，以对话的形式引导学生回顾过往的知识与经验，调动学生的主观能动性，激发学生的思维能力，使之将过往的体验与要学习的内容相结合，以促进教师、学生和文本之间更深入的对话。

至于话题类型，可以是能调动起学生语文学科及其他学科的知识，以培养学生综合解决问题能力的话题；也可以是能调动学生积极思维，让学生充分展开联想和想象的话题；还可以是与生活实际相结合，引发学生多元思考，培养学生创新思维的话题等。

（二）"自我对话——自学导引"（导）

单元导语是构成语文教科书助读系统的重要因素之一，是学生与文本对话的入口，在语文教学实践中有着重要的引导功能。在语文统编教材中，每个单元都设计有单元导语。单元导语包含了明确的思想主题、学习要求与目标。其中学习要求方面具有层次性，有的是学生必须要达成的目标，有的则是提高性、建议性的任务要求。此时，学生认真阅读单元导语，并结合本课的教材内容，明确本节课的学习目标、学习任务，并梳理出重点、难点。这个过程的对话主体是学生，教师则给予适当点拨。学生通过单元导语领悟了如何解读文本，如何高效阅读，学习哪些写作技巧，体会文章何种感情等。

学习了单元导语，学生再进入到课文中，用课后题或导语要求的阅读方法展开阅读。此时，书本上的标题、导语、正文、脚注、插图、一类字、二类字、课后题、阅读链接等，都成为学生对话的对象，这是无声的对话，发生在学生内部的、学生主动开启的对话，也是学生自主接收信息、理解文本的关键过程。

在教学中，教师将本课需要学习的新知识渐次呈现，其间可抛出问题，或设置学习任务，让学生自主学习，对新知进行学习和内化。

（三）"合作对话——让位学生"（让）

"学生中心"理论要求教师将学生视为课堂的主体，主动让位于学生，让学生表达，让学生在合作中学习，将课堂让位给学生，将对学习过程的认知与判断让位给学生，推动学生在小组合作、组际交流中形成主动学习、创造学习的能力。

在这一环节中，生生之间会产生激烈的思维碰撞。教师鼓励学生参与群体性学习或个性化体验，比如角色朗读、画面想象、场景重现、对比阅读、背景补充、创作互评、合作学习等。学生围绕对话主题充分进行自主、深度的思考。生活经历、文化修养、性格爱好等各异的学生们，能在激烈的争鸣中展开观点的交锋，彰显自己的个性，促使自身在旧知的基础上建构新知，实现思维的发展。在交流与互动、激活与碰撞中，教师给予学生充分的表达机会，使其达到生生之间的共识、共享、共进，实现全面发展。

（四）"师生对话——思维助推"（推）

对话式教学的展开，必须在对话形式中使思考层层深入，此时教师对学生的积极助推起到了关键作用。

因此，这一环节中，在学生明确学习目标后，教师会再次加入学生的话题，对话题进行回正、助推，引导学生深入文本，推动学生进入更深层的思考，使学生通过创作实践，深化对知识的理解与掌握，提高自身的想象能力和表达能力。通过比较鉴别、异中求同、同中求异的思辨实践，引导学生体会语言文字的魅力，从而形成思维缜密的文学素养。

在该环节中，教师还会灵活地融合各学科资源，强化学生在语文课堂上的知识理解与情感体验。比如，谢佳芮老师在其执教的《父爱之舟》中引入美术学科术语对课文中的场景进行分类，强化学生的直观感受，让学生体会文章结构错落有致的美；展示作者的艺术作品，让学生全方位地了解作者，从而引导学生个人充分感知抵达个性情感体验，最终培养学生的审美鉴赏与创造能力，提升学生的语文核心素养。

学生参与个性化情感体验后，便是做好了建构新知的准备。参与个性化体验后的学生，可能会心生疑惑，可能会获得新的感受，也可能会有新的见解等。这些理解和感受，从起初的幼稚、片面、偏执，变为真实、独到、个性化，最终走向深入。

在这一环节中，教师还会根据当堂课的具体学情和教学效果设计问题。问题的设计具有层次性，体现了对学生不同阶段的水平、要求，充分尊重学生的差异性，让学生"跳一跳就能摘到果子"，以此激活学生的思辨能力，激发学生的高阶思维，使学生在认知方面获得质的飞跃，促进学生共性与个性的共同发展。

（五）"生活对话——素养立人"（立）

语文学科的特殊之处，在于它基于生活又高于生活，是生活的高度凝练。学生在课堂上与生活对话，既能获得语文学科能力，再回到生活，又能成就更好的自我。

站在儿童立场，教师对课堂知识的凝练、总结与升华，是与真实的生活情境紧密结合的。这样的教学既能实现核心素养目标，又能达成学科育人的目的。

评价是贯穿课堂各环节的关键内容。而在课堂结束之前，教师会通过多种评价方式，如师生评价、生生评价、学生自评、学生互评等，对学生的学习情况进行综合评价，在评价中让学生清楚地了解到自己的优势与不足，以便在日后的学习中补齐短板，强化巩固；同时让学生提升认知、建构新知、提升素养，成为一个自立的、完整的人。

总之，"对话语文"教学模型五个环节的最终目标，是为了培养学生"语言建构与运用""思维发展与提升""审美提升与创造""文化传承与理解"四大语文核心素养。通过与学生对话和沟通的方式，重构学习关系，注重学生的自我体验，促进学生的思维发展和语言表达，使之最终获得持续浸润式的素养提升。

四、"对话语文"教学模型的教学流程

语文，与社会历史文化紧密相关，与人的具体生命活动密切联系。语文能力主要由主体的言语实践转化而来，而语文核心素养的形成，则是在主体的言语实践中积淀而成。对话，其本质是为了达到理解。在"对话语文"教学模型下，谢佳芮老师提炼了"思辨对话阅读课""多元对话口语课""主题对话习作课"三个特色课型，通过对话的形式实现语文核心素养的提升。

（一）思辨对话阅读课

在统编版语文教材中，阅读课分为精读和略读两种类型。精读课旨在"详读细剖"，在多种方式的对话中析出文章的脉络，并对其中具有思辨意义的话题进行讨论，最终习得语言知识、阅读方法、文化审美等。而略读课重在阅读方法的操练，是对精读课的学法实践。因此本质上，两种类型的阅读课在学法上是相通的。

"对话语文"下的思辨对话阅读课对精读课、略读课都适用。从名称上可以看出，"对话语文"的阅读课有别于其他阅读课的地方，一在于"思辨"，二在于"对话"。形成思辨型思维是阅读课的最终目标，而对话是指向目标的有效路径。在实际教学中，学生通过与文本对话，与教师对话，与

同学对话，与自己对话，构建出阅读课的终极意义。

"对话语文"阅读课教学模型表

教学环节	教学手段	学生参与	学习目标
定	了解学情 量身定制	关联旧知 明确目标	对话旧知，对话导语，确定学习起点 立足单元，前后关联，制订学习方案
导	提出问题 启发思考	初读文本 形成观点	情境导入，进入文本，差异对话识字 携大问题，进入文本，批注独立观点
让	创设情境 引发争鸣	小组合作 各抒己见	聚焦问题，各抒己见，人人参与对话 小组汇报，组际争鸣，形成思维冲突
推	教师参与 积极助推	深度对话 思维提升	聚焦主题，类文阅读，对比中见真相 深入阅读，深度思考，思辨中得真知
立	升华主题 学科育人	迁移生活 形成素养	对话自我，对话生活，交流阅读策略 自我教育，内化思想，提升阅读素养

在思辨对话阅读课中，谢佳芮老师将对话贯穿于以下教学环节中。

环节一：定——了解学情，量身定制

对话旧知，对话导语，确定学习起点。在语文教材中，阅读课是数量最多的课型。从低段到高段，学生的阅读方法并非独立分布在不同学段，而是循序渐进地增加难度。因此学生在进入单篇文本前需阅读单元导语。立足单元，前后关联，制订学习方案。认识到每个单元的不同阅读主题和具体阅读任务，为本单元的学习打下基础。

环节二：导——提出问题，启发思考

情境导入，进入文本，差异对话识字。学生作为语言学习者，对基础字词的掌握程度会因生活背景的不同而形成差异，而在学习效率上的差异促成了对话的发生。学生在进入文本后，有的成为积极主动的对话者，有的成为消极被动的对话者，主动对话者积极参与课堂，被动对话者则通过倾听得到帮助，这种互帮互助能使学生更高效地完成基础字词的学习。

携大问题，进入文本，批注独立观点。秉承"一课一得"的教学理念，课堂上教师抛出最有价值的大问题，学生带着问题进入文本中，并在阅读时将自己的想法批注在课本上，形成的观点为学生之间的争鸣打下思维基础。

环节三：让——创设情境，引发争鸣

聚焦问题，各抒己见，人人参与对话。学生对大问题形成个性化观点后，需要展示出来。这个环节，学生自信表达，各抒己见，人人都参与到对话中，课堂的每个角落都有对话的声音。

小组汇报，组际争鸣，形成思维冲突。小组合作是让全班学生都参与讨论并展示的高效方法。小组汇报时，组与组的观点一一呈现，组际之间的讨论让教室变得热闹，学生在你一言我一语中进行思维碰撞，思辨性思维在对话中得以形成。

环节四：推——教师参与，积极助推

聚焦主题，类文阅读，对比中见真相。以上环节让学生对文本有了认知基础，到了此环节，学生再次聚焦主题，阅读同一主题的不同文章，并借一条线索将类文串联起来，学生在阅读时对比不同文章，寻找不同作者的语言风格和表达意义。在对比中，学生得以拨开文字之迷雾，见到话题表达的真相。

深入阅读，深度思考，思辨中得真知。教师再次进入课堂，学生在教师循序渐进的推动下进行深度思考，进入文本的更深处。教师给出更具挑战性的阅读任务，学生借力于已学到的认知，对已有认知进行去芜存菁，在思辨中将对话带入更高处。

环节五：立——升华主题，学科育人

对话自我，对话生活，交流阅读策略。阅读课上，学生从文本中获取了学科知识，但未与自我产生联系，因此是有距离感的学科知识。教师通

解码优质课堂：素养导向的学科教学模型群

过问题将学科知识与学生的自我产生联系，学生在思考时联想到自己的生活，将阅读策略与实际生活情境相结合，使语文变得更有实用性。

自我教育，内化思想，提升阅读素养。教学文本的最高价值体现在育人价值上，学生通过纵深的对话将本课所得内化成自己的思想、品质、能力，做到知行合一，学生既收获学科知识，又形成综合素养。

（二）多元对话口语课

口语交际，是指在特定的语境中，为了特定的目标，交际双方或多方借助有声语言和态势语言进行听说互动交流的实践活动。而语文学科的口语交际教学，是指在语文课程标准的教学理念下，教师引导学生在口语交际活动中规范口语表达、提升口语交际能力、培养口语交际素养的教学。

"对话语文"下的多元对话口语课，侧重于对话活动的常态化、对话主题的生活化和对话主体的对等化。对话活动的常态化，是指口语思维训练不是停留在特定的课堂上，而是体现在每节课的观点交流训练上；对话主题生活化，是指口语交际的话题来源于学生切身的生活，这样才能调动学生的主观能动性，使对话走向纵深；对话主体的对等化，是指师生关系平等融洽，这是开启对话的前提，师生知识经验系统的对等是推进对话的必要条件。

"对话语文"之多元对话口语课教学模型表

教学环节	教学手段	学生参与	学习目标
定	了解学情 量身定制	关联旧知 明确目标	对话教材，了解口语交际课话题的要求 关联旧知，调动过往体验，激发表达欲
导	提出问题 启发思考	初读文本 形成观点	围绕本课案例展开讨论，形成表达标准 对话真实生活情境，自拟交际的真问题
让	让出课堂 引发争鸣	小组合作 各抒己见	依据话题，重组对话场域，对话发生 汇报展示，组际争鸣，形成思维冲突

教学环节	教学手段	学生参与	学习目标
推	教师参与 积极助推	深度对话 思维提升	倾听教师，回正主题，步入纵深思考 倾听同伴，丰富认知，形成辩证思维
立	升华主题 学科育人	迁移生活 形成素养	对话自我，对话生活，交流交际策略 自我教育，内化思想，形成交际素养

环节一：定——了解学情，量身定制

对话教材，了解口语交际课话题的要求。口语交际话题的提出要基于教材，教师组织学生阅读教材，交流讨论此次口语交际话题的要求。

关联旧知，调动过往体验，激发表达欲。学生沉浸在话题的思考中，联系生活，对照自我，形成个性化体验和观点，为接下来的口语训练做准备。

环节二：导——提出问题，启发思考

围绕本课案例展开讨论，形成表达标准。教师要用好教材案例，学生围绕教材的案例初试牛刀，在练习中把握表达标准。

对话真实生活情境，自拟交际的真问题。以话题为引，学生充分调动过往的知识经验，提出自身生活中亟待解决的问题，创设"有话可说""有话想说"的真实对话场域。

环节三：让——让出课堂，引发争鸣

依据话题，重组对话场域，对话发生。学生是口语交际的主体，在这个环节中，教师要将学生置于对话的中心，依据话题组织学生根据各自的话题分组，学生进入不同的小组内各抒己见。如，在小学语文三年级下册第七单元口语交际《劝告》中，教师依据学生提出的不同的劝告场合和对象，将学生进行重新分组，学生在自己感兴趣的小组内充分表达自己的观点和感受，让对话发生。

汇报展示，组际争鸣，形成思维冲突。失去倾听的对话是无意义的。

小组讨论后，教师组织每个小组汇报讨论内容。在该环节，学生对他人观点进行点线面不同层次的提取，进行认知重组。教师始终秉持兼容并包的态度，鼓励学生各抒己见，在学生与学生，学生与小组成员的多边对话中形成热烈的思想交锋。

环节四：推——教师参与，积极助推

倾听教师，回正主题，步入纵深思考。谢佳芮老师讲求对话的实效，注重课堂阶梯式的生长。在多边对话中，教师时刻保持有效的倾听，及时捕捉学生语言中的思维要点和对话盲点。在学生产生思维冲突，僵持不下时，教师要围绕教学目标对学生的发言进行评价反馈、精准引导。当学生偏离话题时，教师能敏锐发现，串联总结，适时点拨，回正话题。

倾听同伴，丰富认知，形成辩证思维。在教师的助推下，学生与学生的对话走向纵深，逐渐学会以辩证的眼光看待事物，从多个维度来思考问题，实现思维与表达的梯级提升。

环节五：立——升华主题，学科育人

对话自我，对话生活，交流交际策略。口语交际的话题来源于生活，最终也向社会生活延伸拓展，在思维交锋后，教师引导学生对照自我，回顾真实生活情境中的处事方式，交流总结切实可行的交流策略。

自我教育，内化思想，形成交际素养。教育的本质是引导个性化学习，是引领精神成长，是培育独立人格。教师巧妙创设心理场域，学生在陶冶中认识自己，重塑自己，调控自己和评价自己，能够在生活的大课堂中继续实践，不断优化综合素养，实现学科育人。

（三）主题对话习作课

写作就是表达，是对文字个性化的使用与组合，是述说感悟和体验、抒发情感和观点的过程。文章的层级也正体现在形式与思想当中。因此，谢佳芮老师的主题对话习作课，"主题"与"对话"是其重要特征。

学生的习作是从模仿开始的，习作例文的选择与组织是习作教学的重要手段。教师善于引导学生借助主题阅读唤醒习作欲望，借助主题阅读生发习作活动，借助主题阅读发现习作形式，实现读与写的共生。

谢佳芮老师重视对话，"对话学生"是她在对话中与学生共情，在审辩中准确把握学生习作的起点、难点、燃点，根据学生的认知差异定制教学。"对话生活"的教学应该在学生的生活世界中关注教育意义的建构，教师善于创设真实的情境，将学生的生活元素融入习作当中，让学生意识到习作就是写生活，习作就是写自己的所思所想，消除学生对写作的畏惧，引发学生对生活问题的思考。

"对话语文"之主题对话习作课

教学环节	教学手段	学生参与	学习目标
定	了解学情 量身定制	关联旧知 明确目标	初识目标，榜样示范，拾起习作信心 对话自我，找准亟待攻破的习作壁垒
导	提出问题 启发思考	初读文本 形成观点	任务驱动，阅读例文，解锁探究支架 对话文本，沉浸思考，初识习作秘妙
让	让出课堂 引发争鸣	小组合作 各抒己见	例文为据，思想交锋，归纳习作策略 学法迁移，实践作文，比较辩证互评
推	教师参与 积极助推	深度对话 思维提升	问题指引，看见形式，破解习作难关 对照习作层级标准，文章架构再优化
立	升华主题 学科育人	迁移生活 形成素养	对话生活，品评习作内容，回正思想 自我教育，文由心生，提升写作素养

环节一：定——了解学情，量身定制

初识目标，榜样示范，拾起习作信心。设置任务会带来一定的紧张感，集中学生的注意力，调动学生的思考。因此，教师在课堂伊始便组织学生对话教材，了解习作要求，领取习作任务，以任务驱动学习。同龄人的成功对其他学生是一种替代性强化，能给予学生信心。故教师引出往届学生的优秀范文，建立学生的习作信心，消除学生对写作的畏惧心理。

对话自我，找准亟待攻破的习作壁垒。习作是极具个性化的思想劳动，学生的知识储备、生活体验不同，对习作任务的理解也不尽相同。教师引出话题，在师、生、文本多边对话的过程中，学生对照自我，逐渐清晰自己的习作方向和习作障碍，使探究学习更精准、更高效。

环节二：导——提出问题，启发思考

任务驱动，阅读例文，解锁探究支架。探究性学习是知识本位转向学生本位的必由之路。学生探究学习能力不是天生的，自主探究学习之前，教师需要提供切实可行的探究支架。在关键问题的指引下，教师以同类型的篇章或段落为例，引导学生发现文章的写作特色，初识文章的写作技巧，掌握探究性学习的切入角度。

对话文本，沉浸思考，初识习作秘妙。全国教育系统劳动模范钱梦龙指出："阅读一篇范文比老师喋喋不休讲十遍应该怎样写效果还好些。"教师提出学习任务，学生在任务的指引下，对话多篇同主题的文章，与文字碰撞出思想的火花。

环节三：让——让出课堂，引发争鸣

例文为据，思想交锋，归纳习作策略。在探究性学习中，发现的喜悦和自觉探究与处理材料带来的兴奋，会转化内发性动机，燃起学生的表达欲。这时，教师要让出课堂，给予学生自由对话的舞台。学生在组内交流、组间思想交锋的过程中，逐步归纳习作策略。

学法迁移，实践作文，比较辩证互评。学生发现某种有意义的范式或规则后，还需要进行有目的、有计划的验证推理。而在习作探究学习中，最有效的验证推理就是练笔实践和互评互议，教师鼓励学生在片段练习后，通过多方比较辩证思考，内化有效的习作方法，发现自己的习作问题。

环节四：推——教师参与，积极助推

问题指引，看见形式，破解习作难关。在学生习练时，教师要有敏锐的审辨能力，精准对接学生的问题，引导学生回归文本，在比较阅读中，看见藏在内容下的形式，巧妙破解习作难关。

对照习作层级标准，文章架构再优化。根据维果茨基提出的"最近发展区"理论，希望每个学生都能在力所能及的努力下看到成长。因此，教师创造性地提供三个层级的习作"下水文"——初阶作文、中阶作文、高阶作文。学生能对照不同层级的"下水文"自评或互评。好文章离不开修改。在教师的组织下，学生根据标准对"下水文"进行集体评议修改，从中阶作文朝高阶作文提升，习得修改的方法。接着，通过学生自改、生生互改的方式，学生将自己的作品逐渐完善，收获进步的喜悦。

环节五：立——升华主题，学科育人

对话生活，品评习作内容，回正思想。学生是一个独立完整的个体，习作是一种交流，是学生对生活的一种理解与抒发。教师在习作教学中，不能只看到形式，还应品评文章的内容和精神内核，让学生在与好作品的深度对话中，自由教育，文由心生，回正思想，在习作构思中自我检视，最终达到提升写作素养的目的。

文由心生，心也因文而澄澈。总之，教师要有学科育人的意识，把握"思想"和"形式"之间的关系，提升学生的写作素养。

五、"对话语文"教学模型的实践策略

（一）对话教学

对话教学的过程是知识建构、能力发展、情感交流、思维碰撞、个性张扬和精神交往的过程。"对话"不仅仅是一种外部行为，也是内部的心理活动。"对话"是一种有声的表达方式,也是无声的倾听。课堂上的表达和倾听能促成对话接力的发生。

谢佳芮老师的对话教学能够顺利进行,是因为教师的倾听为学生倾听习惯的养成树立了榜样,学生在无形中获得了倾听训练。教师能够及时捕捉学生的语言,并帮助学生把零碎的课堂回答进行串联,把对话推向高潮。

教师评价是对话走向高潮的助推器。在谢佳芮老师的课堂上,学生敢发言、爱发言、能发言,之所以有这样的效果,是因为教师将评价渗透在对话的每个环节中,评价到位,才能为下一个环节的对话做铺垫。学生在教师的评价语言中获得个性和共性的指导,收获自信心,所以更加擅长并热爱对话。

(二)跨界融合

语文是伴随学生一生的学科,学生需要从生活的方方面面中汲取语文学习的养分。语文素养是一种包含知识学习、能力提升、品格养成的综合性素养。在谢佳芮老师的课堂上,综合性素养的形成并不拘泥于语文学科,而是采用学科跨界、审美跨界、文化跨界的方式,使学生在一节课中收获更丰富的知识。

比如,谢佳芮老师在《父爱之舟》一课就融合了美术学科,使习作与绘画技法相通,语文与艺术审美相融。跨界学习,具有较高的艺术审美价值,能达到艺术育人的效果,学生的综合素养得以全面发展。

本课在定制学情环节时分析了课文的语文要素和人文主题,破解了"场景"定义的谜题,使"场景"这个语文要素成为学科融合在一起的工具。本课作者吴冠中于作家之外更是著名的画家,因此课文兼具文学意义与艺术审美价值。"作者背景"是打通审美跨界的桥梁。教师运用学生学过的美术术语来将诸多场景进行分类,让学生体会文章结构错落有致的美,学生不仅能与作家吴冠中隔空对话,更能与其代表的中国文化之美撞个满怀。

作者采用工笔细描的手法将四个场景中的人、事、景描写得十分细腻，从工笔细描的四个场景中得法，掌握场景由"人、事、景"三部分组成。工笔细描是对文体的解读，更是对跨学科知识进行内化的过程。

在艺术的课堂上，学生全方位了解作者，读其文，赏其画，知其人，品味画中的留白。经过如此的审美跨界学习，学生审美的水平和能力得到了提高。在审美鉴赏的同时达到学科整合、艺术育人的效果。

（三）读写结合

阅读和写作都是语文教学的"重头戏"。阅读教学，主要通过阅读范文来提高理解语言的能力，提高阅读能力。写作教学主要通过作文来练习表达思想感情，提高写作能力。阅读是对语言材料的吸收，写作是对语言材料的运用，两者相辅相成，相得益彰，缺一不可。那么，如何将二者更好地融合提升？在"对话语文"教学模型中，谢佳芮老师运用了读写结合的教学策略。在读写结合的教学中，以读促写，以写促读，在提高学生阅读习作能力的同时，提升语文核心素养的整体水平。

比如谢佳芮老师的《从〈刷子李〉到〈俗世奇人〉——基于主题学习的读写结合课》，教学上紧扣课文和主题丛书进行读写训练。在授课的前半段，谢佳芮老师能高度聚焦人文主线"奇"和训练主线"动作描写"，引领学生学习《刷子李》中的"刷"，发现文本秘妙，体会动作描写之法。接着带出主题丛书中的《苏七块》《酒婆》《张大力》等拓展篇目，通过小组合作交流的方式体会写法之妙。学生在读中品，品中读，领悟在特定语境中语言的运用方法和技巧，为习作进行了很好的铺垫。

谢佳芮老师在教学方法上层层深入，由归纳一个字到扩写一段话，由教师引领归纳写法到小组内讨论品味写法之妙，体现了教师由扶到放的过程。朗读从节奏感不强到提炼出四字节律的"津味"节奏，又提升了一个层次。层层铺垫，层层提升，为学生的习作做足了准备。

在授课的后半段，谢佳芮老师让学生迁移仿写一个动作，传神刻画人物形象。主要目的是学习作者的表达方法，进一步体会语言运用之妙，达到训练写作的目的，实现由读到写的迁移。谢佳芮老师能让学生按能力分层写，符合学生写作的实际情况。并在课堂上用"下水文"引导学生在写中评，评中改，改后读。学生不仅学会了仿写，还学到了修改作文的方法，读写能力得以提升。

六、"对话语文"教学模型的风格特色

（一）对话关系

在谢佳芮老师的"对话语文"中，对话过程就是一个关系共建的过程。通过倾听，教师对学生传递真诚、关爱和肯定。通过倾听，教师敏锐地捕捉课堂新的生发点，课堂气象在教师的助推下焕发生机。教师的有效倾听和及时评价，让学生摩擦出思维的火花，使课堂充满灵动、生成、创造的生命力，这是主体成长的土壤，是如春天般充满勃勃生机的课堂。

谢佳芮老师的对话课堂是充满人性关爱的课堂，着眼于人生命的构建，是以人的终身发展为终极关怀。教师注重培养学生的自信心、成就感、意义感，给学生充足的自由空间，开发出学生更多的可能性，全方位激发学生的主观能动性，培养学生面向未来的核心素养和关键能力。

（二）儿童立场

谢佳芮老师始终站在儿童的立场上，与学生平等对视。在课堂上，为学生提供造梦的机会和条件，创设情境让学生充分发挥可能性，促使其在语言建构、思维碰撞的过程中亲历成功，体验自我实现的快乐。教师放下学术权威的身份，创造和谐平等的课堂氛围，在关键环节中将课堂让给学

生，使学生有充足的时间表达自我，从"被动"学习变为"主动"学习。

在给学生让出舞台的同时，教师并不完全退出舞台，而是转到后方，在学生需要的时候出现，为学生提供适时指导。教师在课堂上的"退让"，让出的是教室民主和谐的课堂气氛，让出的是课程力量在学生身上的充分显现，一个个具有高效能感、高素质的学生在"让"中站立起来。

（三）素养指向

语文学习源于生活又高于生活，并且最终回归生活。谢佳芮老师注重培养学生的综合素养，培养学生在语言、思维、审美、文化等多方面的能力。"对话语文"教学模型关注生活话题，借助生活中的复杂情境开展对话，并从课堂走向生活，解决生活中的相关问题。因此，谢佳芮老师的语文课充满生活气息，具有极高的实用价值，有助于帮助学生形成综合素养，致力于把学生培养成朴素圆融、求真务实的人。

附:《父爱之舟》教学案例

教学内容分析

  本课选自统编版教材语文五年级上册第六单元第 19 课。本单元的人文主题是"舐犊情深，流淌在血液里的爱和温暖"，语文要素包括"体会作者描写的场景、细节中蕴含的感情"和"用恰当的语言表达自己的看法和感受"。本课是单元的第二篇课文，这是一篇精读课文，上一篇的《慈母情深》让学生着重体会了场景中的细节描写，而《父爱之舟》力图让学生对场景有更清晰直观的认识，帮助学生理清对"场景"和"细节"的模糊认识。

  这篇课文文体突出，是典型的抒情散文。文章并非用华丽的辞藻堆砌而成，而是以平白的话、深刻的情取胜。作者用倒叙的写法描绘出一个个与父亲有关的场景，表现了父亲对作者无微不至的深沉的爱，字里行间饱含着作者对父亲的无限思念。

  课文作者吴冠中是我国当代著名画家，尤其以风景油画著称，代表着中国文艺界的高度。本课的两幅插图均出自吴冠中之手，具有较高的艺术审美价值，能达到艺术育人的效果。借助本文的学习，使学生的综合素养得以全面发展。

学情分析

　　学习是一个意义建构的过程，学习者通过新旧知识经验的相互作用，建构、丰富和调整自己的认知结构。教师要为学生搭建新旧知识的桥梁，要了解学生的起点与目标。早在三年级下学期，学生便已接触过散文，对散文的文体特点有浅层的了解。在五年级上学期，学生掌握了快速阅读的方法，能在短时间内把握《父爱之舟》这篇长文的主要内容。这是学习本课的起点。

　　依据《义务教育语文课程标准（2011年版)》和单元导语可知本单元学生需达到的能力如下：在阅读中了解文章的表达顺序，体会作者的思想感情。阅读叙事性作品，了解事件梗概，能简单描述自己印象最深的场景、人物、细节，说出自己的感受。

　　对比学习目标和学习起点，学生在学习过程中可能有以下难点：

　　1. 课文以作者梦境的形式出现，"梦中"零碎的场景众多，学生对"场景"没有清晰的概念。

　　2. 兼有文学家和画家身份的吴冠中，在行文中巧妙融入了绘画的技巧，以"工笔细描"和"挥笔速写"的方式描绘了一幕幕场景，这种写作技巧对于学生来说仍是个"秘密"。

　　3.《父爱之舟》是作者吴冠中的回忆录，课文描述的具有时代性的场景与学生当前的生活差距较大，学生较难体会一幕幕场景中含蓄的父慈与子孝。

　　4. 课文标题"父爱之舟"包含虚、实两重含义，不容易全面把握。

　　基于以上学情分析，教师在备课的过程中需要着重考虑符合学生认知特点的教学设计，引导学生实现学习目标。

教学目标

　　1. 还原场景，通过想象体会场景中蕴含的情感。

2. 读出场景，通过朗读品味语言中蕴含的情感。

3. 关注文体，通过零碎的场景提炼出散文之神。

教学重点

体会作者描写的场景、细节中蕴含的情感。

教学难点

解读散文文体的"形散神聚"。

教学流程

一、感知场景，理解场景（定）

（一）关联旧知，定位目标

谈话引入：上节课，老师带大家阅读了单元导语，知道了本单元的人文主题和语文要素。导语是指南针，告诉我们往哪里走。有了预习课的铺垫，咱们这节课，就能集中精力解决"语文要素"中的"场景"问题。

【设计意图】对话旧知，对话导语，确定学习起点。老师的独白，看似是单向的对话，实则是对课堂的点燃，也将学生带到了学习的起跑线。立足单元，带学生重温单元中的人文主题和语文要素。"承上"温故旧知，"启下"明确本节课的目标，制订学习方案。学生有了学习的热情，就能学得明明白白。

（二）找出场景，理解内涵

1. 什么是场景？大屏播放一段宣传片，随场景的切换，老师按暂停键。让学生说说什么叫场景。

2. 得出结论：场景就是戏剧、电影中的一个镜头，这镜头里有人有事有景。

【设计意图】借助微课化复杂为简单，破解关于什么叫场景的谜题。课堂的教学语言，不仅可以是教师的话语，也可以是现代媒体的声音。课堂中发生的对话，可以很多元。

二、归类场景，读出场景（导）

（一）初读文本，形成感知

1.阅读课文，你看到了哪些场景？运用第二单元学到的阅读策略，带大问题快速默读课文，抓关键，连词成句地读，不回读。

【设计意图】统编教材注重语文素养的梯度，依照深浅程度形成一条螺旋上升的线索，因此教师需要针对学情引导学生进入文本，与文本对话。同时给出对话路径——阅读策略。在第二单元学到的阅读策略，正好可以运用到第六单元的这一课，学生的阅读能力从"快速阅读一篇文章"，发展成为"连词成句，抓关键，快速阅读一篇较长的文章"。

2.学生汇报看到的场景。

（二）携大问题，进入场景

1.汇总学生找到的场景，引导分类。这些场景描写，有些写得细致，有的三两句话带过，简简单单。在学《鱼游到了纸上》这篇课文时，我们知道了两个美术术语——工笔细描和挥笔速写，用到这里，哪些场景是工笔细描，哪些是挥笔速写？

2.预设答案

工笔细描的场景：换房、庙会、背我上学、缝补棉被。

挥笔速写的场景：深夜喂蚕、买枇杷、吃冷粽、做万花筒、筹集学费、替我铺床、深夜摇橹、船上煮饭。

【设计意图】携带大问题，学生进入文本。激活学生的跨界认知，先从美术技法思考开去——作者吴冠中的身份除作家之外更是一位著名的画家，运用曾经学过的美术术语来将诸多场景进行分类，让学生体会文章结构错落有致的美，学生不仅能与作家吴冠中隔空对话，更能与其代表的中国文化之美撞个满怀。在学习场景的教学环节安排上富有变化，多种形式学法是多角度的思考过程，避免那么多的场景均用一样的学习形式，让学生学出趣味，锻炼其发散性思维。

3. 重点学习"换房""庙会""背我上学""缝补棉被"四处场景，用多种形式读出作家用文字构建的画面。

建议："换房"场景可以用"演一演"的方式，置身具体情境去体会父亲为了儿子不顾文化人的斯文，不顾家中生活的困窘，舍得加钱，哪怕只能让儿子多睡半晚。"庙会"场景要读出场景的热闹，读出什么都有但什么都只能看不能买的无奈，代入生活体验情感，感受反衬的效果。"背我上学"的场景可以让学生亲身试一试，去感受父亲身上的担子有多沉，从父亲的腰带读出他生活的节省。"缝补棉被"的场景是作者用文字给我们绘制的一幅背景图，教师可以补充背景知识，这是作者由朱自清那篇《背影》的文章产生的联想，缝补的活计常是女人干得好，这位父亲当爹又当妈，扛起了整个家庭的重担。这篇文章是作者半个世纪后的作品，此时作者已为人父，更能感同身受父亲当年的不易。

【设计意图】作者工笔细描的四个场景将人、事、景描写得很详细，学生通过"演一演""读一读""试一试""补背景"等多种方式回到文本，与文本进行深度对话，反复品读作家的语言文字，建构规范而有特色的语言，形成语言文字经验，从描述的场景中体悟到中国传统的父慈子孝的亲情文化。

三、实践体验，还原场景（让）

（一）小组合作，还原场景

1. 我们在工笔细描中读出画面，在挥笔速写的简单留白处，来补充细节，还原场景。

2. 以工笔细描的四个场景为例，对"深夜喂蚕""买枇杷""吃冷粽""做万花筒""筹集学费""替我铺床""深夜摇橹""船上煮饭"这八个场景分小组补充细节，还原场景。

提示：场景由人、事、景构成，还原场景要重点描绘人怎么样，他是怎么做的，还要附上环境描写。

分派任务，每个小组着重还原一幕场景。

3. 小组汇报。

4. 总结：梦中的场景，四个细致描写，八个一笔带过，正因为这样的安排，文章结构错落有致，文章因此有了旋律。

【设计意图】创设情境，引发争鸣。从工笔细描的四个场景中"得法"，知道场景由人、事、景三部分组成。这个环节力图通过还原场景，让学生进入文本创设的情境。小组合作时，把课堂让给学生，让学生从被动接受变为主动学习。学生与学生的对话过程，是学生互惠协同的学习过程，也是批判性思维、直觉思维、辩证思维、创造思维争鸣的过程，通过合作实践对场景有更深刻的认识，使思维能力得以训练和提升。

（二）以画悟文，字简情深

1. 作家并没有详写，有八个场景一笔带过，用笔朴实、俭省，这是作家吴冠中的风格。作为画家的吴冠中，亦是一样。（出示吴冠中的画作。）

解说：图① 大片留白，可以想象那是水和空气；图② 一笔淡墨飞出一江春水；图③ 有细成一线的瓦片和满树枝杈；图④ 三两只飞雀点染出空白画面的静谧与生机。

2. 聚焦问题，各抒己见，参与对话，学生谈感受。

3. 总结：留白之于文章是给读者留下想象的空间，使文章达到此时无声胜有声的艺术效果。

【设计意图】艺术的课堂，全方位地了解作者，读其文，赏其画，知其人。品味画中的留白，看似突然安静的课堂，其实暗藏着学生内心的律动，他们正与画作进行静谧对话。这是一场审美的跨界，扩宽了学生审美的视野，在审美鉴赏的同时达到学科整合、艺术育人的效果。

（三）总结场景，分析人物形象

1. 从一幕幕场景里，你见到了一个怎样的父亲？

2. 学生汇报。

四、引入图书，品读场景（推）

（一）承接人物形象，引入丛书，品读场景，体会父爱

1. 教师参与，积极助推：出示语文主题丛书《婚礼和父亲》第二自然段的第一、第二句话。问：从这段文字里，你看到了一个怎样的父亲？

2. 学生汇报。（预设答案：我看到了一个节俭的父亲。）

3. 总结：所谓省到极致，爱到极致。

（二）阅读丛书，找出场景，品读场景

1. 学生深入阅读语文主题丛书《婚礼和父亲》。

2. 深度思考：从文章中，你看到了哪几幕场景？

3. 预设答案：筹钱、赶路、吃饼干、吃西餐、一路炫耀、迎新娘。

4. 从场景中，你读出了一个怎样的父亲？

【设计意图】聚焦主题，类文阅读，深度思考。从教材内容中"得法"，学会如何判断一幕场景。在语文主题丛书中"用法"，检验所学，快速找出场景。学生在不同的语言情境中形成"语言知识之知"和"方法运用之知"，逐渐进入到深度的语言体验和情感体验中，形成了剖析语言、运用语言、感受语言的深度学习能力。学法、用法，更要评价其法。类文阅读，不仅丰富了学生的学习内容，而且推进并提升了学生的深度学习能力。

五、寻找线索，解读课题（立）

（一）结合场景，寻找线索

1. 提问：课上到这儿，还记得我们一共看到过多少幕场景吗？一幕幕场景看似零碎，却总有一线牵引，一物相关。

【设计意图】《父爱之舟》是一篇叙事散文，一个个场景看似零散，却符合散文特征——形散神聚。将学生的视线聚焦到文体，找出神之所在，也就找到了文章的中心。学生寻找的过程，是对不同文体的语言特色形成认知的过程，也是思维聚焦的过程。

2. 播放由吴冠中有关船的画作连接而成的视频，学生一边欣赏，启发找到"船"这一线索。

3. 小小渔船永远地定格在作者的脑海中，给他留下了难以磨灭的印象。朗读原文段落。

　　小小渔船永远地在我脑海里留下了难忘的印象，亲切的印象。我特别喜爱鲁迅故乡的乌篷船，我的绘画作品中经常出现水乡小船，正渊源于姑爹家的渔船吧。

——《水乡青草育童年》

【设计意图】借助画作，结合原作，是为了揭示作者心目中的"舟"是什么，升华了"舟"的立意。为下个环节"解读课题"打基础，为唤醒学生心中对父亲的情做铺垫。

4. 线索总结：就是这叶小舟，让作者一次又一次对自己说：

"我什么时候能够用自己手中的笔，把那只载着父爱的小船画出来就好了！"

学生在反复诵读中升华对小舟、对父爱的理解和感悟。

（二）结合线索，解读课题

1.提问：课题为什么叫"父爱之舟"？

2.预设学生回答：题目包含虚实两重含义。实，指父亲几次借船送我驶向人生一个又一个渡口；虚，父爱是在一幕幕场景中体现的，舟载着父爱，伴我成长。

【设计意图】有了前面对场景的感悟和后面通过图文对"舟"的解读，学生就能乘"对话之舟"抵达课题理解的最深处。

3.总结：这一幕幕场景，像散落在河里的珍珠，搭乘父爱之舟，始终游走在这条情感的河道，没有偏离。这情感是什么？是儿子对父亲的感恩和愧疚，是儿子对父亲的孝道，这一幕幕场景，表达的是作者一颗炽热的心。

【设计意图】升华主题，学科育人。这段总结暗示了散文文体特点，所有看似零散的场景描写，实际指向的是文章的灵魂——儿子对慈父的怀念之心。学生在文章所构筑的场景中联想到自己真实的生活情境，与自我对话，与生活对话。重新解读"父亲"这一角色所共有的伟岸和深沉，用更深情的词汇描写自己的父亲，用更真切的行动践行中华传统文化中父慈子孝的美德，学生作为一个完整的人的素养得到了全面提升。

[深圳市福田区荔园小学（荔园教育集团）通新岭校区　谢佳芮]

小学数学教学实例

杨超"冲突数学"教学模型

数学课程的高度抽象性和严谨逻辑性特征，决定了思维认知能力是学习数学的基础。在小学数学教育中，学生思维认知能力的形成是培养数学核心素养的根基。而认知冲突是个体思维发展的根本原因，个体在遇到不能解释的新现象、新知识时，先前低层次的"认知平衡"就会被打破并产生新的"冲突"，通过"冲突"的不断化解，实现认知结构新的平衡与发展。数学的天然属性决定了解决"冲突"是培养数学思维最适宜的方式。

小学数学课程内容分为数与代数、图形与几何、统计与概率和综合与实践四个学习领域。这四个学习领域各有侧重，又相辅相成，有机构成一个具有逻辑性和现实应用价值的数学课程结构。

一、"冲突数学"教学模型的概念与目标

杨超老师在数学教学中，将教学重点指向深度思维，着力于培养学生的思维认知能力，重视学生数学思维训练，关注学生能力和素养发展。杨超老师的"冲突数学"教学模型，以皮亚杰认知发展理论和孔子愤悱启发式教学思想为指导，以培养学生有逻辑、有深度和灵活性的"高层次思维

能力"为目标，把认知冲突的"制造—探究—解决—转化"作为数学教学的基本环节，在充分认识学生认知规律的基础上，采用冲突制造策略，设计巧妙的认知冲突点，激发学生深度思考，取得了很好的实践效果。

在杨超老师的教学理念中，诱发"认知冲突"是培养学生数学思维的重要方法与途径。从学生的已有经验出发，抓住学生的思维认知特征，结合教学内容，不断制造"冲突"，并引导学生不断解决"冲突"。这种冲突从产生到解决的过程蕴藏着数学算理的推演过程。杨超老师将教学内容化静为动，将静态的数学知识转化为动态的逻辑推理。引导学生在主动建构的基础上深度理解知识内容及其背后蕴含的算理，让学生在知其然的同时又知其所以然，在思维碰撞中促成学生高层次思维能力的发生与发展。

"冲突数学"也是杨超老师教育哲学观的体现。冲突的背后蕴含着矛盾，矛盾是事物发展的源泉和动力。通过激发学生的认知矛盾，吸引学生的注意力，调动学生的认知内驱力，促使学生积极主动地建构知识。因而，学习求知欲发生的内在原因是学生头脑中产生的认知冲突。可以说没有认知冲突就没有学习的发生，更没有思维的发展。学生的认知结构在不断经历"平衡—不平衡—再平衡"螺旋上升的矛盾转化过程中得以重构与发展，向更加复杂、高级、完整的方向建构。此时，学生的元认知能力不但能够获得锻炼和提高，而且通过自我反思后的归纳总结，还可以促使元认知能力得到补充、丰富和完善。

二、"冲突数学"教学模型的理论依据

（一）皮亚杰认知发展理论

瑞士儿童心理学家皮亚杰提出的认知发展理论，认为发展是个体与环境不断进行相互作用的建构过程。他认为智力结构的基本单位是图式，它

是指有组织的思考或行动的模式，用来了解周围世界的认知结构。儿童的学习过程就是图式形成和发展的过程，或者说是由旧图式向新图式发展的过程。认知主体在与客观环境相互作用中，通过同化与顺应的自我调节过程，使原有的认知结构（旧图式）发展成为新的认知结构（新图式）。同化是指个体在已有的经验基础上，面对新知识时能够将其纳入原有知识体系中，找到与之对应的知识或事物同化成功，达到一个平衡状态。同化失败即个体不能理解新的知识经验，则会陷入不平衡的状态，然后个体将调整原有知识体系，接纳理解新知识并构建出一个新的知识体系，从而达到新的平衡，这个过程就是顺应。

学习者在学习新知识时，总是试图以原有的认知结构来同化或顺应，实现对新知识的理解。当遇到不能解释的新现象或新知识时，就会打破之前低层次的平衡，产生认知冲突，然后通过冲突的不断化解实现新的平衡与发展。因而，学习者的知识建构始终处于"认知平衡（建构）—不平衡（解构）—新的平衡（重构）"的动态变化中，并且每一次的不平衡状态总是趋向于平衡状态转化。因此，认知不平衡是学习者认知结构发展的动力，是促发学习者认知的原平衡转向新平衡的必经环节。在教学中有效激发学习者的认知不平衡能够促进学习者进行自主建构，促使其思维能力水平不断发展和提高。

（二）愤悱启发式教学思想

我国古代教育家孔子提出"不愤不启，不悱不发"的教学思想。"愤"是学习者对某一问题正在积极思考，急于解决而又尚未搞明白时的矛盾心理状态；"悱"是学习者对某一问题经过一段时间思考，但尚未考虑成熟，处于想说又难以表达的矛盾心理状态。孔子认为在学生处于"愤"和"悱"的状态下进行及时的启发是恰当而有效的。教学中认知失衡的引发，正是为了激起学生的认知冲突与矛盾，使其处于一种愤悱的状态，为学生创设有效学习的最佳时机。当学生的已有经验不能同化新知识，原有的思维平衡被打破后，学习者就会处于"心求通而未通，口欲言而未能言"的情境。此时，学生更容易产生弥补"心理缺口"的动力，在求知若渴的状态中引发最强烈的思考动机和最佳的思维定向。

数学知识具有高度的抽象性，它反映了人类对世界数量关系和空间形式的抽象与概括。而小学生的思维正处在以具体形象思维为主，逐步向抽象逻辑思维过渡的阶段，与数学知识的特性之间存在着天然的差距与矛盾。这使得学生在学习新知识时产生思维冲突和心理愤悱成为可能。并且，数学学习是一种渐进的系统过程，数学教材的编排由浅入深、螺旋递进，形成一个有序的知识链，每一个后继知识都是基于相关前序经验的延伸和拓展。因而，当学生触及那些"源于已知又发展于已知的新知识"时，就会因不能用原有认知结构同化新知识而产生矛盾冲突，出现愤悱的心理状态。教师通过反复的启发和引导来帮助学生冲破认知失衡，实现认知结构新的平衡与发展。

三、"冲突数学"基本教学模型

杨超"冲突数学"教学模型的基本教学环节，紧紧围绕认知冲突的"制造—探究—解决—转化"展开。

"冲突制造"既是整个教学模型的初始环节，也是最重要的环节，是决定整个教学活动成功与否的关键。"冲突制造"就是在准确把握学生的认知盲点，以及教学内容中学生容易产生矛盾冲突的知识点的基础上，去预测、探查冲突，由此设计冲突的突破点——关键问题。从情境问题出发，将冲突问题抛给学生，引发学生对新知识的关注与兴趣。

"冲突探究"是认识冲突到解决冲突中间的探索与思辨过程，也是解决问题能力形成与发展的必经过程。引导学生在接收到冲突问题后进行思考，对新知识点进行预测并产生自己的猜想，经过辨析后生成对冲突问题新的认识；再通过形式多样的呈现方式让学生将经过思维加工后的结果展示出来，接受群体的"质疑"。此时，不同结果间又会形成新的冲突，引出群体讨论与个体新思考，既体现了个体内和群体间的思考过程，又体现了思维加工方式的多样性。各个步骤紧密联系，形成螺旋循环，嵌套在探究活动中，共同促成学生高水平思维的发生。

"冲突解决"是教师在成功引发学生自主思考后进行的解释与导向环节，根据学生已有经验将冲突导向不同结果。向学生讲清楚旧知识的局限性与新知识的科学性，引导学生在原有认知水平基础上进行自主判断、选择、总结或者反思等，帮助学生顺利地将新知识进行同化与顺应，推动学生的认知结构从不平衡走向新的平衡。

"冲突转化"是对冲突点进行比较的过程，是在解决冲突问题后引导学生通过比较新旧知识之间的矛盾与联系，建立并完善新的知识结构，进而加深对新知识的理解，推进认知结构的整合与重构，使学生在知识结构上有新的认识，在思维角度上有新的思考，在认识态度上有新的转变。同时，本次冲突转化的结果又是下一次新冲突产生的基础。

这四个环节并不是单一循环，而是随着"冲突"的深入而循环嵌套。课堂教学中往往需要不断制造层层递进的"冲突"引导学生解决一系列认知冲突，最终解决核心问题。整个"冲突数学"教学模型重视"深度理解"，强调充分调动学生的自主思考，引导学生去发问与质疑，以认知冲突为导向，培养学生的高层次思维能力。学生不仅能掌握知识技能，还能不断获得成就感，产生积极的学习体验，在自主探索实践中不断丰富认知结构，实现知识的有效建构。

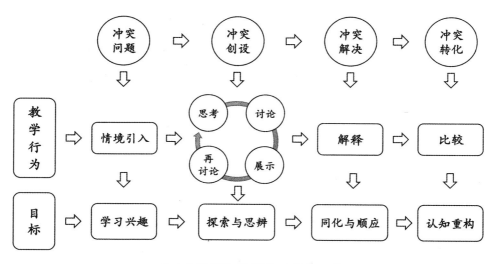

"冲突数学"教学模型基本环节

四、"冲突数学"教学模型的教学流程

杨超老师的"冲突数学"教学模型主要应用于新课内容的教学。在教授新课时,常常会出现学生原有的认知结构一时不能同化、接纳呈现在眼前的新知,或新的信息与其原认知结构不相符的情况。

当学生调动全部已有知识经验仍不能解决这些问题时,便在心理上生成一种强烈的认知冲突。这种认知冲突既会引发学生的思维振荡,又会引起学生学习需求的不平衡。那么,学生在情感上便会生成一种强烈的乐于学习、主动参与探索、渴望获取问题解决办法的心理倾向。此时,学生在知识、思维、情感等方面都蓄积了良好的准备态势,为更好地理解新课内容提供了坚实的基础。

"冲突数学"新课教学流程

教学环节	教学手段	学生参与	教学目的
冲突制造	情境导入 抛出问题	有意注意 兴趣激发	创设生动的教学情境，抛出冲突问题，引出所学的新知内容，吸引学生的有意注意，引发学生的学习兴趣与思考
冲突探究	活动体验 激化矛盾	探索思辨 讨论分析	引导学生对冲突问题进行思考、猜想与探索；不断抛出新的问题，激化矛盾冲突，激发学生进行深层加工，使学生在一次次的追问下，逐渐发现新知与旧有经验之间的联系与差异
冲突解决	解释概括 总结归纳	反思判断 同化顺应	通过解释新旧知识间的差异，让学生判断所学新知的科学性和旧有经验的不合理；再对所学内容进行总结归纳，引导学生进行反思，帮助学生顺利地将新知识进行同化与顺应，解决认知冲突
冲突转化	比较分析 练习巩固	深度理解 认知重构	在学生理解新知识的基础上，引导学生进行新旧经验之间的比较，进一步深度思考；再通过练习巩固学到的知识，形成迁移，最终促成学生认知结构的完善

　　杨超老师在掌握数学思想和数学教材内容的基础上，对授课内容进行分析、拆解，充分利用教材内在的矛盾因素和学生认知的特点设置问题情境，激发学生的认知冲突。将学习内容拆解为一个个知识要素，再利用学生已有的认知经验设置相应的矛盾冲突点，引导学生进行观察。观察是思维的"窗口"，学生通过观察能够摄取到丰富的感性材料，在教师的引导下进行比较分析，诱发出新的认知矛盾。学习内容会通过一个个环环相扣的冲突问题得以体现，学生的思维也会随着这些冲突问题的解决逐渐深入，形成螺旋上升式的思维循环。

　　小学生的思维仍处于以具体形象思维为主逐步向抽象逻辑思维过渡的阶段，他们往往会被具体形象、直观的事物所吸引，从而产生好奇。因此，在授课时，需要通过借助操作、演示等形式的探究活动，将学生的思维带到具象事物的变化过程中。此时，认知冲突就会在这个过程中自然发生。当学生的思维一直处于被认知冲突激发的活跃状态，会驱使他们主动获取解决问题的办法。同时，这些活动能够帮助学生积聚一定量的感性经验，为过渡到抽象的认识做准备，帮助学生在知识内容的实际演变过程中体验到自己思维的变化。

五、"冲突数学"教学模型的实践策略

对已有认知经验的质疑是完善认知结构的前提。如何对已有认知经验提出质疑，最适宜的方法就是产生认知冲突。杨超老师的教学实践核心就在于此。如何设置认知冲突也是"冲突数学"教学模型的价值所在。

（一）设置环环相扣的冲突点

冲突设计是杨超老师"冲突数学"最巧妙的部分，冲突点的设置路径对其他数学教师有很强的示范和参考价值。杨超老师在教学中，将知识点背后隐藏的算理进行拆解，一一设置认知冲突点，给学生"挖坑"。制造冲突的路径主要有顺向与逆向两种。顺向路径是利用了前序经验对个体认知发展的影响——新旧知识点、思维定式、生活经验和科学事实之间的连接点。通过找到已有经验与新知之间的矛盾与联系，设置矛盾冲突点并不断将其强化，诱导学生"掉坑"，从而引发学生的求知欲和研究欲。逆向路径是将教学设计的思路转换为学生的学习思路。也就是要求教师从新知识出发，将教学内容反向逆推至学生现有的认知基础上，从"终点"（预期的学习结果）出发，通过反复追问与回答（若要实现预期的学习结果，学生需要预先达成哪些子目标），最后分析学生学习的起点（已有能力）。抓住"终点"即未知内容中的独有特性，将其设置为矛盾冲突点。

在课堂上，教师巧妙设置环环相扣的冲突点，让所有学生的注意力和思维全都集中在授课内容上。促使学生明白算理，明白知识点背后的逻辑和思维方式，主动建构知识，进而达到知识迁移的自动发生。教师有意识地引发学生的认知冲突，引导学生主动尝试，探索新的方法与新途径，甚至发现新的知识。这种自发地将理论知识付诸实践的过程，更有助于知识有意义建构的实现。

（二）不断设问，引发深度思考

小学数学教育处于数学知识和能力培养的初级阶段，主要目的是学生思维能力的培养与锻炼。这在一定程度上决定着学生今后理性思维所能达到的广度、深度和高度。因而，除了设置矛盾冲突外，还要让学生对矛盾点进行思考，理解冲突中矛盾点的所在，这样才能让学生真正理解新知与已有经验间的联系与差异。经过教师多次有意识地设问引发学生的认知失衡，学生逐渐形成主动求知、主动提问的意识。同时，在实际授课时，冲突问题能引发学生的好奇心与学习兴趣，从而促使其他教学环节自然而然地发生。

杨超老师在整体把握知识结构的基础上，明确学习内容在整个学习领域中所处的地位和作用，从中把握新旧知识之间的连接点以及学生认知结构的生长点，对其中蕴含的数学思想和方法有自己清晰的认识。在每节课的教学中，能够精准地把握抛出矛盾冲突的节点，及时进行设问。通过在课堂中不断地设问，引导学生对现有想法发问、质疑，循序渐进地引导学生进入更深层次的自主思考。开始时，杨超老师会在没有提示的情况下，让学生自己想办法，开拓他们的思路。并且，他不仅不会避开学生当下的错误认识，还会肯定学生的想法，同时又会通过探索、演示（借助教具等）来证实学生先前想法的偏差，让学生直观感受其中的变化，感受二者的联系和区别，进而引导学生改变思维方式。促使学生在已有知识经验的基础上主动探索与建构知识。

六、"冲突数学"教学模型的风格特色

（一）善用认知冲突，激发学习动力

"冲突数学"教学模型改变了学生学习积极性相对较弱的状况。杨超老师在分析学生已有认知经验的基础上，将学习内容拆解为多个知识节点，结合教学内容在知识节点上设置冲突问题，并将问题用生活化、具象化的形式展现出来。通过指引、设疑，或创设矛盾情境、设置障碍引导认知失衡，将学生的思维带入"愤悱"境地。利用学生认知冲突产生的知识激活状态和解决冲突的强烈愿望，来诱发学生对学习内容进行思考和分析，达到从失衡到平衡的转变。在这一过程中，学生不仅掌握了知识技能，更重要的是不断地获得成就感，产生积极的学习体验，在自主的探索实践中不断丰富认知结构，实现知识的有效建构。

杨超老师的"冲突数学"教学模型，能够对激发学生的好奇心，调动学生学习积极性产生十分显著的效果。根据不同的教学内容，运用生活中最常见的现象或具体事物，灵活设计、选择探究活动，借助探究活动打破传统数学课堂单调刻板的学习氛围，抓住学生学习动力的内在根源，真正做到了让学生主动、自发地进行思考。在教学中，杨超老师还善于引导学生进入深度思考，通过层层递进的冲突问题，让学生在打破前一个冲突的基础上进入下一冲突，不断将学生带入更深层次的思维加工当中。

（二）因材施教，关注学生个性发展

杨超老师的"冲突数学"教学模型，关注每个学生的认知发展过程，而不强调所有学生都达到统一的思维发展结果，做到了共性与个性发展上的平衡。由于每个学生的认知发展基础和自主探究能力有所不同，所能达到的思维深度也不同。因而，不能以固定的学习结果来判定学生的思维发展水平。杨超老师的"冲突数学"教学模型，强调所有学生都参与到冲突解决的过程中，对自己的问题有清晰的认识。在充分分析学情的基础上，通过不断设问来引导每个学生发问和质疑。让每个学生都能在自身认知发展水平的基础上，运用观察、想象、假设、讨论、验证等方式解决冲突，达到自己能够理解的最深层次。

　　杨超老师通过反复设置冲突，从新知识发生的初始就打破学生原有的固定认知。在这个过程中，虽然每个学生的认知方法、所用时间和思考层次有所不同，但本质上都达到了已知，学习到了新知识。因而，"冲突数学"既体现了新知在知识结构上与前序经验的冲突，也体现了学生个体内在认知上的冲突。无论学生的旧有经验处于何种发展水平，从认识冲突到解决冲突的过程就是对自己原有认知结构的补充与完善。长此以往，经过冲突解决过程的不断循环，帮助每个学生都形成相应的逻辑思维闭环。这就是杨超老师"因材施教"教学哲学观的具体体现。

附：《什么是周长》教学案例

教学内容分析

本课选自北师大版小学数学三年级上册第五单元第 1 课时，是学习平面图形周长的起始课，帮助学生建立正确的周长概念是本课和本单元学习的重点。教材在编排上重视借助学生已有的知识和经验，从任意图形入手，通过看、描、量、数等系列操作学习活动，让学生直观体验和感悟周长的实际意义，同时也避免学生产生只有规则图形才能求周长的思维定式。学生从周长意义的角度，探索出如何得到平面图形周长的一般方法，体现知识产生、形成与发展的过程。

学情分析

周长，教材中的解释是："图形一周的长度就是图形的周长。"百度百科的解释是："环绕有限面积区域边缘的长度积分，叫作周长，图形一周的长度，就是图形的周长。"

从学生已有的认知经验和生活经验，图形的周长是不难理解的。那么，三年级的学生在认识周长的过程中，难点是什么呢？学生受生活经验的影响，往往会产生这样的认识：面积小的图形周长就一定小，面积大的图形周长就一定长。因此，"面积大小"对周长的学习会产生干扰。

怎样让学生排除干扰、正确理解周长，又能让这节课好玩起来呢？那就是创设一个好玩的情境，设置合适的认知冲突，使学生在解决冲突的过程中，深刻理解周长的意义。

教学目标

1. 结合具体情境认识封闭图形一周的长度就是图形的周长。

2. 通过观察、测量、计算、推理、探究等活动，理解周长是有限面积区域边缘的长度之和。

3. 通过问题的设计，培养学生对数学的兴趣及推理能力。

教学重点

对周长意义的理解。

教学难点

生活中的面积经验对周长理解的干扰。

教学准备

教师：教具、课件、练习纸。

学生：学具、铅笔、直尺。

教学流程

一、创设情境：蚂蚁赛跑

师：小兵蚁和小工蚁赛跑，以下两条路线，小兵蚁先选，它选了弯曲的一条，小工蚁跑另一条。谁跑的路线长？

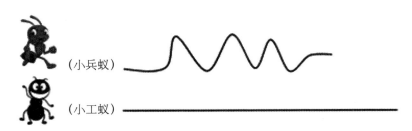

生 A：小工蚁跑得长。

生 B：小兵蚁的路线弯弯曲曲，拉直之后应该比小工蚁长。

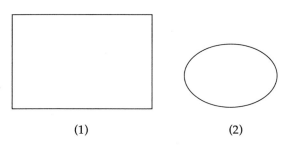

【设计意图】让学生明确，跑步的路程用线的长短表示。弯曲的线可以拉直后来比较。为下一步认识周长的封闭性做铺垫。

二、冲突制造：初步认识周长

1.师：现在轮到小工蚁先选了，以下两条路线，你猜小工蚁选的是哪一条？为什么？

⬜
(1)
⬭
(2)

生：选第 2 条，因为第 2 条跑的路线短一些。

师：把跑步的路线指一指、描一描。

2.学生通过指一指、描一描等活动，直观感知周长。

3.师：这两条跑道跟上一次的相比，有什么不同？

生A：这两个图形都是围成一圈的，第一次的路线都没有围起来。

生B：第一次的跑道起点和终点不在一个地方，第二次的跑道起点和终点在一个地方。

生C：第一次的跑道是一条线，这次的跑道是封闭的图形。

4.师：我们把像这样的封闭图形一周的长度叫周长。选第2条路线是因为一眼就能看出图形（2）的周长比图形（1）的周长要短。

【设计意图】通过对比，初步认识周长，并且直观感受到图中长方形面积大且周长也长，椭圆形的面积小且周长也小，为设置认知冲突埋下伏笔。

5.师：说一说身边的周长。

生A：课本封面一周的长度是周长。

生B：桌面一周的长度是周长。

生C：树叶一周的长度也是周长。

…………

三、冲突探究：探究周长的含义

1.师：现在又轮到小兵蚁先选了，如果你替小兵蚁选，你想选哪一条？为什么？

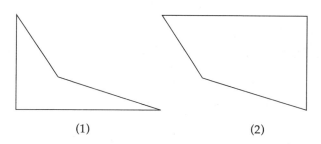

(1)   (2)

生A：我选第1条，因为看起来周长短一些。

生B：我也选第1条，因为它看起来小一些。

生C：我选第2条，因为它们看起来差不多。

2. 师：既然大家有不同意见，怎么办？

生（齐）：量！

师：怎么量？量什么？

生 A：一条边一条边地量，最后把长度加起来。

生 B：用尺子量一周的长度。

师：好吧，那大家就分小组量一量、算一算、比一比，看有什么收获。

3. 小组探究活动：量一量、算一算、比一比。

【设计意图】一般情况下，大部分学生会认为面积小一些的图形周长就短，实际上这是面积对周长的负迁移造成的。通过激化、放大这个认知冲突，让学生经历从误解到正解的过程，通过探究活动，研究周长的内涵。

四、冲突解决：理解周长的意义

1. 学生小组活动完毕，汇报如下：

生 A：我们量周长的结果都是 44 厘米。

生 B：我们量的结果是：小的周长是 43.8 厘米，大的周长是 44 厘米。

生 C：我们量的结果虽然有一点不同，但差不多都是 44 厘米。

生 D：我认为这两个图形的周长是一样的，只是量得不准。

生 E：我不用量也发现它们是一样长的，因为它们的边都是一样的。

师：能具体解释一下吗？

生 E：如果把它们拼在一起，我发现上下两边长度相等，左后两边长度也是相等的。中间的边能合在一起，所以也是等长的。那周长自然就相等了。

教师根据学生发现，用课件演示一遍。

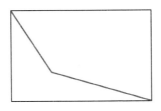

2.师：通过刚才的活动，大家有什么感想？

生 A：我们以为小的图形周长就小，其实不一定。

生 B：大小不同的图形，周长有可能是一样的。

生 C：不是比图形里面的大小，而是看围成的线的长短。

【设计意图】通过探究活动和思辨，引导学生在原有认知水平基础上进行自主判断、选择、总结或者反思，帮助学生顺利地将新知识进行同化与顺应，推动学生的认知结构从不平衡走向新的平衡。解决冲突的同时，他们对周长意义的理解也就会更深刻了。

五、冲突转化：变式练习拓展

1.师：小兵蚁和小工蚁想再比一次，从以下三条路线中选两条一样长的，你能帮它们吗？

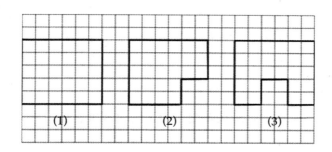

(1)　　　(2)　　　(3)

生 A：我选第 2 和第 3 条，它们看起来一样长。

生 B：我也选第 2 和第 3 条，因为它们围起来的部分都一样大，都少了一角。

生 C：我选第 1 和第 2 条，它们的周长才是一样的。

生 D：我也同意第 1 和第 2 条一样长，第 3 条路线的周长看起来更长一些。

师：有什么办法知道它们的周长？

生（齐）：数格子！

师：那我们数一数这三个图形的周长分别是多少吧。

生：图 1 的周长是 22 厘米，图 2 的周长也是 22 厘米，图 3 的周长是 26 厘米。

2.师：你们有什么发现或者想法？

生 A：前两个图形的周长是一样的。

生 B：我发现图形（2）右角那两条线移下来就跟图形（1）一样长了。

生 C：我发现图形（3）中间的短横移下来，就跟图形（1）、图形（2）一样长了，不过它还多了两条竖边，所以它的周长最长。

生 D：后两个图形看起来都缺了一小块，（面积）一样大。可是周长却不是一样长。前两个（面积）不一样大，反而周长一样长。

生 E：周长是图形一周的长度，不是中间部分的大小。

【设计意图】学生通过数一数、算一算，最后发现前两个图形的周长一样，而图形（3）面积最小反而周长更长。进一步排除面积对周长的干扰，从本质上理解周长的意义，进而加深对新知识的理解，推进认知结构的整合与重构。

［深圳市福田区荔园小学（荔园教育集团）众孚校区　杨超］

　　　○ 解码优质课堂：素养导向的学科教学模型群　●

李映华"探究性作业"数学教学模型

《义务教育数学课程标准（2011 年版）》中指出，"数学素养是现代社会每一个公民应该具备的基本素养"。通过义务教育阶段的数学学习，学生能获得适应社会生活和进一步发展所必需的数学基础知识、基本技能、基本思想、基本活动经验；体会数学知识之间、数学与其他学科之间、数学与生活之间的联系，运用数学的思维方式进行思考，增强发现和提出问题的能力、分析和解决问题的能力；了解数学的价值，提高学习数学的兴趣，增强学好数学的信心，养成良好的学习习惯，具有初步的创新意识和实事求是的科学态度。可见，义务教育阶段数学课程的总目标强调更多的是学生终身发展所需的必备品格和关键能力，即"数学核心素养"。

如果说培养学生的数学素养是小学数学学科的根本任务，那么培养学生的数学思维能力、感悟数学的思想方法则是实现数学素养发展的途径。课堂是培养学生核心素养的主要阵地，而作业设计又是课堂教学的重要环节，所以数学核心素养视角下的小学数学作业设计研究，具有重要的理论与实践意义。

荔园小学数学教师李映华以"探究性作业"为抓手，构建基于"探究性作业"的教学模型。该教学模型创新教学理念，以学生为主体，把学生从重复单调的作业中解放出来，改变学生的学习方式，为学生提供参与知识发生、发展的机会，大大促进学生的个性化学习。它不但激发了学生的学习兴趣，培养了其发散性思维，还提高了其数学应用能力，更重要的是，提升了学生发现问题、提出问题、分析问题和解决问题的能力。

一、"探究性作业"教学模型的概念与目标

"探究性作业"是以一个探究性的问题引领，基于学生自身知识经验、思维方式展开，培养数学探究能力，落实新课程标准过程性目标的作业。

"探究性作业"教学模型是围绕"问题"展开的一系列学习活动，具体包括最基本的发现问题、最核心的提出问题、最重要的分析和解决问题。具体地说，学生在教师的组织、指导和引导下，通过观察、思考、动手操作、归纳总结等一系列活动去解决问题、验证原理或尝试相关知识的探究性学习活动。

"探究性作业"教学模型主要有以下目标。

（一）激发学生学习热情

"探究性作业"教学模型通过富有趣味的探究活动，提高学生参与作业的热情，提高学习数学的兴趣和积极性，让学生在探究和实践总结中感受到快乐，在收获喜悦和成功中增强学习数学的信心。

（二）培养学生探究能力和高阶思维

"探究性作业"教学模型给予学生充足的探究时间和空间，旨在培养学生的自主探究能力、合作交流能力和创新思维能力，促进高阶思维的发展。"探究性作业"旨在巩固知识与技能，逐步培养数学方法与思想，培养数学情感、态度、价值观，最后落实数学核心素养的养成。

○ 解码优质课堂：素养导向的学科教学模型群 ●

（三）促进学生个性化学习

"探究性作业"教学模型首先通过探究性作业来反映学生学习与思维的差异，其次依据这种差异来开展高效的课堂教学，最后达到满足学生个性化学习需要的目的。

二、"探究性作业"教学模型的理论依据

（一）高阶思维

高阶思维的概念最早源于布卢姆对教育目标的分类。布卢姆根据认知过程的复杂程度从低到高将教育目标分为六个层次：认识、理解、应用、分析、综合和评价。其中，认识、理解和应用为低阶思维，分析、综合和评价为高阶思维。

高阶思维具化到数学领域，就是探究能力、组织能力、判断能力和设计能力，体现思维的深刻性、系统性、批判性和独创性。社会发展日新月异，知识更新速度加快，实施素质教育已经成为时代的需求。数学的教与学也必须要适应时代发展需要，不能只停留在认识、理解、掌握、运用等低阶思维，而应该注重培养高阶思维能力，也就是要培养关于分析、综合、评价和创造等方面的能力。基于问题的教学是最常见的培养学生高阶思维能力的教学方法。上海师范大学的黎加厚教授认为，应鼓励学生主动探究，通过问题来激发学生的高阶思维。

"探究性作业"教学模型的价值取向为高阶思维能力的发展，学生在学习过程中主动探究学习，成为学习的主动探索者。"探究性作业"教学模型的关键落脚点是"探究性作业"，"探究性作业"对巩固教学知识、提升探究能力和培养数学思维有着极其重要的作用，同时对培养学生的分析应用能力和创新思维能力大有裨益。"探究性作业"既注重学习的基础性，又能

联系生活的趣味性和实用性,鼓励学生主动探究,合作完成学习任务,体现学习的独立性、自主性和合作性。

(二)教学思维系统

罗伯特·J.马扎诺博士是当代国际著名的课程与教学专家,更准确地说是一位致力于将教学研究成果转化为改革实践的行动家。马扎诺在《教育目标的新分类学》一书中对其教学思维进行了阐述。该系统由自我系统、元认知系统和认知系统构成。通常情况下,学习者会经历从自我系统到元认知系统,再到认知系统。自我系统由态度、情绪情感和信念构成,是学习过程中的过滤者,它首先会对教师或环境输入的信息起过滤和筛选作用。脑科学研究表明,在大脑对信息进行加工的过程中,不同信息存在不同的优先顺序,即影响个体生存和情绪的信息要比新认知学习的信息更优先被大脑所关注。如果学生的自我系统处于关闭状态时,即学生的生存状态和情绪出现了问题,学习也就很难发生。所以,自我系统对学习者的学习至关重要。信息经过自我系统的筛选和过滤后会进入元认知系统,元认知系统是学习过程中的管理者和教练,承担着对学习过程的监控和调节,起到设计者的作用。最后才会进入认知系统,此时知识的学习才会发生。

马扎诺强调,教学的起点不是知识的传授,而是关注学习者自我系统,即包括深入了解学生的态度、信念和情绪情感等状况。自我系统对于学生的学习和有效教学至关重要,自我系统决定了学习者是否愿意从事给定的任务,也决定了学习者在给定的任务中愿意投入多少精力。基于"探究性作业"的课堂教学尤其关注学生的自我系统,通过富有趣味的问题和活动,诱发学生的积极情感和探究欲,让学生沉浸在探究性学习的过程中,培养学生学习数学的兴趣,增强学好数学的自信心。

（三）元认知

元认知是指个体对自身认知活动的知识、监控和体验，即个体拥有关于自身能力和对基本过程的知识，知道不同任务需要使用不同的问题解决策略；在任务进行过程中，能够觉察到当下的认知活动，并能根据新信息对认知活动及策略进行调整；在整个认知活动中，能够察觉到自身的情绪感受，并且能够对自己的行为表现进行总结和反思。概括来说，元认知是指个体对自己认知过程的认识和控制，其实质就是人的自我监控和调节。

元认知与认知的不同之处在于，元认知更注重个体的认知过程，要求个体具有一定的主动性，即主动思考，主动解决问题。元认知是一种重要的认知能力，可以帮助个体更好地思考和解决问题，在学习过程中发挥着重要作用。有研究表明元认知与问题解决高度相关，并且在问题解决中具有积极作用，可以预测个体问题解决的成绩。

美国教育心理学家梅耶在《应用学习科学——心理学大师给教师的建议》一书中指出："具备自我调节能力的学习者能够理解自己的学习方式，并对调节和控制自己的学习过程负责。"梅耶还强调，"教育的一个主要目标便是帮助人们成为一个具备自我调节能力的学习者。""探究性作业"通过调动学生的积极性和兴趣，引导学生进行自主、自觉、独立的学习。在自主学习过程中，学生需要调动认知和元认知，其中元认知起着十分关键的作用。在"探究性作业"的辅助和训练下，学生的认知、自我意识和元认知均能得到发展。

三、"探究性作业"基本教学模型

李映华老师"探究性作业"教学模型，大体呈"启""探""辩""拓"四个环节。"启"是问题启学，在课前或课中创设极具探究性和趣味性的问题情境，引导学生观察思考，激活学生自主探究兴趣，激发学生"我想学"

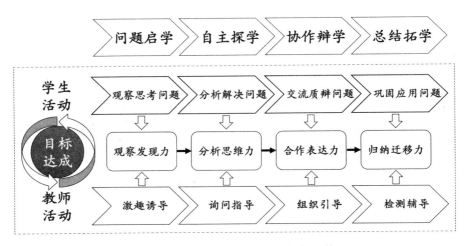

问题启学　自主探学　协作辩学　总结拓学

学生活动　观察思考问题　分析解决问题　交流质辩问题　巩固应用问题

目标达成

观察发现力　分析思维力　合作表达力　归纳迁移力

教师活动　激趣诱导　询问指导　组织引导　检测辅导

"探究性作业"教学模型基本环节

和"我能学"的状态，培养学生用数学眼光观察问题，提升数学的观察发现力。"探"是自主探学，学生围绕探究性问题进行猜想、分析及初步解决问题等活动，不断经历"从问题到思考，到新问题再到新思考"的数学思维过程，发展分析思维力。"辩"是协作辩学，学生带着"自主探学"的成果进行小组讨论、合作探究，组内梳理并分享探究成果，最后在班上进行汇报、交流与质辩，培养学生的合作能力和表达能力。"拓"是总结拓学，总结核心知识点，拓展知识的广度，促进知识的融合运用，培养学生数学应用意识，促进知识的归纳与迁移能力。

四个环节分别侧重于培养学生的观察发现力、分析思维力、合作表达力和归纳迁移力。这四个目标层层递进，呈螺旋上升的趋势，在一定程度落实了在义务教育阶段数学眼光、数学思维、数学语言和数学应用意识等方面的培养。

四、"探究性作业"教学模型的教学流程

关于作业的形式，古今中外的学者对其做过不同的表述和研究。"探究

性作业"就是在前人积累的研究经验的基础上诞生的。浙江特级教师刘善娜在《这样的数学作业有意思》一书中，根据"探究性作业"所涉及的思维形式或方法，对其进行了重构，分为五种类型：生活描述型、概念表征型、问题分析型、反思批判型、知识整合型。李映华老师在教学实践中，将这五种作业类型落实到了不同的数学活动内容和形式中，尝试建立差异化的教学流程。

（一）"探究性作业"之"生活描述型"

数学来源于生活，并应用于生活。"探究性作业"之"生活描述型"是指与学生生活实际相联系的作业，让学生在数学与生活经验中穿行，通过阐述分析与生活关联的数学知识，感受数学与生活之间的多样联系。

"探究性作业"之"生活描述型"有两个关键要素：首先，与学生的生活实际相联系；其次，学生需要用数学语言来描述。"探究性作业"之"生活描述型"的目的是让学生感受数学与生活之间的联系，利用、改造、提升学生的生活经验，使学生的原有经验与数学知识相融通。

"探究性作业"之"生活描述型"

教学环节	教学手段	学生活动	教学目的
启	激趣诱导 创设情境 设问引导	观察思考问题 收集资料 联系生活	观察发现力：引导学生用数学眼光观察事物 创设与生活相关的数学问题情境，诱导学生观察发现数学信息，思考并尝试解决数学问题，培养学生用数学眼光观察生活实际，提升数学的观察发现力
探	询问指导 掌握学情 调整教学	分析解决问题 自主探学 动手操作	分析思维力：培养学生分析问题的能力 促使学生自主探学，围绕探究性问题进行猜想、分析及初步解决问题，不断经历"从问题到思考，到新问题再到新思考"的数学思维过程

教学环节	教学手段	学生活动	教学目的
辩	组织引导 掌握节奏 精讲补充	交流质辩问题 合作探究 全班互动	合作表达力：培养学生小组协作与展示交流的能力 学生围绕探究问题进行小组讨论、合作探究。组内梳理并分享探究成果，最后在班上进行汇报、全体师生交流与质辩
拓	检测辅导 过关纠错 拓展知识	巩固应用问题 完成检测 拓展迁移	归纳迁移力：培养学生数学应用意识、归纳和迁移能力 总结核心知识点，拓展知识的广度，促进知识间的融合运用，将数学知识应用于生活

李映华老师的"探究性作业"之"生活描述型"课堂，围绕"生活数学化"和"数学生活化"两个核心原则来开展，通过设计与生活密切联系的数学探究性问题，引领学生从生活中观察数学知识，并将数学知识应用到生活中。

"生活描述型"课堂首先着眼于数学与生活需要，引导学生发现和感悟因生活需要而产生的数学知识，进而解释数学与生活差异，让学生感受生活的具体性与数学知识的抽象性的不同，并感受从具体到抽象的过程，让学生去探究数学与生活的本质联系，最后打通数学与生活应用，利用归纳总结后的数学知识，解决更多的生活问题。

总体而言，"生活描述型"课堂流程呈现三个层次，一是观察生活实际，发现数学知识；二是聚焦并掌握数学知识；三是列举更多生活例子，描述数学知识。这三个层次是从数学眼光的培养，到深入理解数学知识是什么、知识之间有什么联系，再到举例、描述、拓展、应用。整个教学流程以学生的生活经验为切入点，逐渐深入理解，最后将知识上升到应用层面，回归生活，使"生活数学化"和"数学生活化"体现得淋漓尽致。

（二）探究性作业之"概念表征型"

数学概念往往是一种显性的符号化知识。数学概念的形成是对大量素材辨析、比较、提炼归纳的过程。学生要认识这些数学概念，就要结合自身经验，以图像、语言再现还原概念形成的过程，这一过程就是概念表征。而"探究性作业"之"概念表征型"旨在将复杂的数学问题简单化、符号化。简而言之，"探究性作业"之"概念表征型"围绕"概念"来设计，让学生经历"概念形成"的过程，能够较好地呈现学生的思维过程。

"探究性作业"之"概念表征型"

教学环节	教学手段	学生活动	教学目的
启	激趣诱导 创设情境 设问引导	观察思考问题 观察发现 发散思考	观察发现力：引导学生用数学眼光观察事物 引导学生观察发现数学信息，围绕问题进行发散性思考，培养学生的观察力和发散性思考习惯
探	询问指导 掌握学情 调整教学	分析解决问题 猜想验证 动手操作	分析思维力：培养学生分析问题的能力 促使学生自主探学，围绕探究性问题进行猜想、分析及动手操作，经历"从问题到思考，尝试解决问题"的数学思维过程
辩	组织引导 掌握节奏 精讲补充	交流质辩问题 合作探究 整理归纳	合作表达力：培养学生小组协作与展示交流的能力 学生围绕探究问题进行小组讨论、合作探究。组内整理探究成果，最后在班上进行汇报、全体师生交流与质辩
拓	检测辅导 过关纠错 拓展知识	巩固应用问题 完成检测 拓展迁移	归纳迁移力：培养学生数学应用意识、归纳和迁移能力 总结核心知识点，拓展知识的广度，促进知识间的融合运用，将数学知识应用于生活

学生在学习数学概念时，经常会出现区分不清、张冠李戴的现象。究其原因，就是学习的浅层化造成的分辨能力不强，外在表现就是概念不清。李映华老师通过设计"探究性作业"之"概念表征型"，并围绕其开展教学，让学生进行独立思考，深入辨析，促使其全面思考问题，让学生用自己的理解方式去阐述数学概念，从而加深理解，理清概念之间的联系与区别，灵活运用所学的知识。

李映华老师的"探究性作业"之"概念表征型"可以分为基于判断和基于解释两种。

基于判断的"概念表征型"是为了判断学生是否理解、掌握概念，常常依托判断题进行检验。教学流程主要围绕"判断正误—说明原因—举正例"来开展。常见的数学判断题要求对事物的空间形状及数量关系有所肯定或否定，其结果通常以"√""×"简单呈现。

基于解释的"概念表征型"是为了更好地解释解决问题的方法，或是更加清晰地解释数学名词，通常以"怎么办""为什么"等方式提出问题，引领学生借助图像一步步将概念分析清楚，个性化表达自己的理解。教学流程主要围绕"描述表达—举例说明—设计典型题目"来开展。

（三）探究性作业之"问题分析型"

问题分析型作业主要针对应用题，是让学生运用所学知识分析、解决某一类问题，从而巩固新知、发散思维的一种数学作业。

"探究性作业"之"问题分析型"

教学环节	教学手段	学生活动	教学目的
启	激趣诱导 创设情境 设问引导	观察思考问题 观察发现 提出问题	观察发现力：引导学生用数学眼光观察事物引导学生观察发现、认真读题，围绕问题进行发散性思考，培养学生的观察力和提出问题能力

教学环节	教学手段	学生活动	教学目的
探	询问指导 掌握学情 调整教学	分析解决问题 整理思路 解决问题	分析思维力：培养学生分析问题的能力 促使学生自主探学，围绕探究性问题进行猜想、分析及动手操作，经历"从问题到思考，尝试解决问题"的数学思维过程
辩	组织引导 掌握节奏 补充提炼	交流质辩问题 合作探究 整理归纳	合作表达力：培养学生小组协作与展示交流的能力 学生围绕探究问题进行小组讨论、合作探究。组内整理探究成果，最后在班上进行汇报、全体师生交流与质辩
拓	检测辅导 过关纠错 拓展知识	巩固应用问题 完成检测 拓展迁移	归纳迁移力：培养学生数学应用意识、归纳和迁移能力 总结核心知识点，拓展知识的广度，促进知识间的融合运用，将数学知识应用于生活

　　李映华老师的"探究性作业"之"问题分析型"，主要分为证明推理和迁移推理两种。其中，证明推理的教学流程围绕"表述观点—举例证明—再次阐述结论"来展开；迁移推理的教学流程围绕"呈现难题—解决相关浅层递进题—发现题目之间的联系"来展开。

　　李映华老师的教学通过两个结构来提炼和分析问题。并列式结构就是选择几道结构或数据较一致的练习题，让学生在解答之后将其感悟到的所有"一样"之处进行详细解释，罗列和梳理，然后，让学生通过自己的方法将这一类练习题的结构特点进行抽象提炼。递进式结构就是选择几道讲同一件事的练习题，它们虽然看上去很"类似"，但不一样，"到底不一样在哪里？"让学生对其感受到的所有"不一样"之处进行说明，表述其中的变化和联系，探究到相同中的不同之处和不同中的相同之处。

（四）"探究性作业"之"反思批判型"

学生在学习过程中会出现各种各样的错误，究其原因，有基础知识混淆、概念不明确、题意不理解或计算不认真、算理不清等。作为教师，如何把这些错误转化成学生的学习资源，关键是要了解学生的思维过程，了解其知识薄弱点，有针对性地加强训练，从而提高他们的辨错、识错、析错能力。

作业如果单以计算形式出现，学生在计算时可能比较随意或仅凭直觉，但如果安排他们彼此找错纠错，学生就会产生兴趣。他们就会很认真地检查对方的算式，检查对方的答案是否正确，思考为什么不正确，进而提出订正建议。

分析了错因，分析了错误思路的成因，这样的深究发展了学生的逻辑思维能力。学生在辨错中找到出错的原因，打破了固性思维，提高了他们发现问题、分析问题、解决问题的能力。在这样的训练中，不仅提高了学生的运算能力，也加强了他们的敏锐性，还会增强符号意识和对数学抽象性的理解，从而提高了数学的核心素养。

"探究性作业"之"反思批判型"

教学环节	教学手段	学生活动	教学目的
启	创设任务	回顾整理	回顾、整理作业中的错例
探	掌握学情	个体反思	促使学生仔细分析错因，反思学习过程，思考修正对策
辩	组织引导	集体反思	学生围绕错例进行小组讨论、合作探究。组内整理探究共性错例，最后在班上进行汇报、集体反思
拓	检测辅导	举一反三	总结归纳易错点，做到每位学生基础知识点过关，促进知识间的融合运用

　　　　　○　解码优质课堂：素养导向的学科教学模型群　●

李映华老师"探究性作业"之"反思批判型"的教学流程为：摘录制定范围的错题—旁注正解—分析错因—撰写避免错误的对策。

（五）"探究性作业"之"知识整合型"

知识整合是指对某一块（如某单元）知识进行学习前的预习解读或学习后的整理。

"探究性作业"之"知识整合型"

教学环节	教学手段	学生活动	教学目的
启	激趣诱导 创设情境 设问引导	观察思考问题 观察发现 发散思考	观察发现力：引导学生用数学眼光观察事物 引导学生观察发现数学信息，培养学生的观察发现力和发散性思考习惯
探	询问指导 掌握学情 调整教学	分析解决问题 猜想验证 动手操作	分析思维力：培养学生分析问题的能力 促使学生自主探学，围绕探究性问题进行猜想、分析及动手操作，经历"从问题到思考，尝试解决问题"的数学思维过程
辩	组织引导 掌握节奏 精讲补充	交流质辩问题 合作探究 概括归纳	合作表达力：培养学生小组协作与展示交流的能力 学生围绕探究问题进行小组讨论、合作探究。组内整理探究成果，最后在班上进行汇报，全体师生交流与质辩
拓	检测辅导 变式练习 拓展知识	巩固应用问题 完成检测 拓展迁移	归纳迁移力：培养学生数学应用意识、归纳和迁移能力 总结核心知识点，拓展知识的广度，促进知识间的融合运用，将数学知识应用于生活

李映华老师"探究性作业"之"知识整合型"主要分为梳理型和命题型两种。

梳理型的教学流程：罗列知识点，找出知识点间的联系—编写"难题岛""重点屋"—总结学习秘诀—分享学习秘诀；命题型的教学流程：指定范围内抄题—筛选编题—制作标准答案。

这种生动、有新意的"探究性作业"增进了师生、生生间的交流与互动，使个体思维的差异性与多样性生成了丰富的学习资源。实践证明，无论选取何种类型的探究作业，都会引发前置性的探究作业，使学生在课堂上有更多的时间深度思考；而后置性的探究作业，使教师在课堂中更加关注学生的数学探究过程与探究体验。

五、"探究性作业"教学模型的实践策略

（一）"探究性作业"设计策略

设计"探究性作业"时要考虑学生年龄特征和认知水平，比如，低年段的作业类型可侧重于生活描述型、概念表征型和问题分析型，高年段则适合各种类型。

（二）课堂教学及其组织策略

1. 注重问题发现，培养问题意识。"探究性作业"教学模型围绕探究性问题展开，让学生在独立思考、交流、互动中进行猜想、分析及初步解决问题，不断经历"从问题到思考，到新问题再到新思考"的数学思维过程。因此，在教学中教师要为学生创设自主发现问题和提出问题的空间，使其敢于探索、想象和猜想，提出独特的见解和新颖的想法，从而最大限度地开发和培养学生的问题意识，促进学生分析思维力及逻辑思维力的发展。

2. 创设探索空间，促进自主学习。数学学习是一个动态的过程，在学习过程中只有最大限度地让学生去经历数学问题的提炼过程、数学概念的形成过程、数学结论的获得过程，学习的体会才会更深刻。首先，教师要

创造让学生参与的空间。其次，教师要提供让全体学生参与的机会。

3. 尝试先练后讲，提供主动探索机会。数学学习的本质是"数学思维过程"，所以，数学课堂教学实质是再现数学思维活动过程。在教学中，教师应推动学生学习，变先讲后练为边讲边练、先练后讲，引导学生通过观察、操作、比较、讨论、思考来领悟新知识。

4. 加强学法指导，提高主动探究能力。越是需要学生经历知识的形成过程，就越需要教师进行学法的指导，否则数学探究性学习的效果就会打折扣。在学生完成"探究性作业"的过程中发现，有的学生的"探究性作业"越做越精彩，有的只能表达浅层次的结论，无法展开具体的思考步骤。这就需要给予部分学生完成此类作业一个基本的抓手和一些基本的指导策略。

六、"探究性作业"教学模型的风格特色

（一）作业设计基于生活实际

学生学习的最终目的是服务社会，提高生活品质。李映华老师的"探究性作业"便是基于生活实际进行设计的。比如在"生活描述型"作业探究中，让学生在不同的知识领域感受数学与生活之间的联系，通过利用、改造、提升学生的生活经验，将其原有的经验与数学知识融会贯通。相比其他学科，数学学科的问题较贴近生活实际，比如，人的身高怎么表述？人的体重怎么表述？平时上学在路上一共花了多少时间？在操场上跑了两圈，一共跑了多少米？超市的苹果 9 块钱 1 斤，买 4 斤要花多少钱？等等。基于生活实际的学习，无疑是学生最感兴趣的。李映华老师便是从生活视角着手设计学习任务，启发引导学生从生活中发现数学问题，并学会从数学的角度去了解生活、了解世界，从而提升自身的逻辑思维能力和数学素养。

（二）注重培养学生探究意识

李映华老师的"探究性作业"教学模型基于生活实际，结合学生的具体学情，针对学生的身心发展规律和个性差异，通过"生活描述型、概念表征型、问题分析型、反思批判型、知识整合型"五大类"探究性作业"，重点培养学生的探究意识。

比如，在"生活描述型"作业探究中，教师通过学生已有的生活经验，让学生在不同的知识领域探究数学与生活之间的联系，将原有的生活经验与数学知识融会贯通。在"概念表征型"作业探究中，教师引导学生对大量素材进行辨析比较、提炼归纳、概括命名，并提炼成一种显性符号。可基于判断（判断概念是否完全正确＋什么情况下会正确＋举一个正确的例子），也可基于解释（描述自己对该知识的理解＋举例说明＋设计相关的典型题目）引导学生开展探究学习。在"问题分析型"作业探究中，教师引导学生学会探究、总结问题类型（可分为"难度改编类""补充分析类""结构提炼类""实践分析类"），培养学生的探究意识和归纳能力。"问题分析型"作业的内容很丰富，这几类作业不仅在表达形式上有差异，最终要解决的问题指向也有差异。教师引导学生通过"推力证明""迁移推理"等方式探究问题的解决之道。在"反思批判型"作业探究中，教师要引导学生对学习经历进行回顾，对错题进行分析，培养学生的反思精神。在"知识整合型"作业探究中，教师从"知识整合"的角度培养学生的探究意识，让学生对已学的数学知识体系进行整合，将数学知识点串联成知识线，知识线交织成知识面，知识面交织成知识体系。

○ 解码优质课堂：素养导向的学科教学模型群

附:《与众不同》教学案例

——一组开放性练习题教学设计

教学内容分析

　　《与众不同》是一节"探究性作业"之"问题分析型"教学案例。本案例围绕自选的三道开放性题目展开,非课标版小学数学教材教学内容,适用三、四年级。内容具体如下。

【探究作业单】

　　问题1:在2、4、6、7、10这5个数中,哪个数"与众不同"?为什么?请写一写。

数	理由

　　问题2:下面这些图形中,哪个图形"与众不同"?为什么?

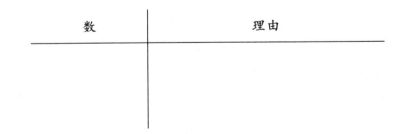

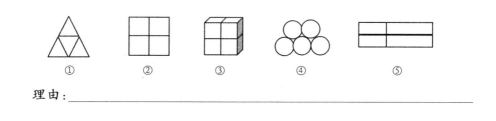

①   ②   ③   ④   ⑤

理由：＿＿＿＿＿＿＿＿＿＿＿＿＿＿＿＿＿＿＿＿＿＿＿＿＿＿＿＿

＿＿＿＿＿＿＿＿＿＿＿＿＿＿＿＿＿＿＿＿＿＿＿＿＿＿＿＿＿＿＿＿

问题3：下表是小明、小红和小强3次数学考试成绩，请判断：这3个同学中，谁的数学成绩比较好？请说明理由。

姓名	第一次	第二次	第三次
小明	63	84	90
小红	82	78	80
小强	96	81	66

案例中出现了三道题，从逻辑层次上看，它们呈递进关系。1. 找"与众不同"的数，旨在说明看问题的视觉不同，答案也不同。2. 判断"与众不同"的图形，旨在说明从所给的条件出发，答案具有不唯一性。3. 判断哪个人的数学成绩比较好，旨在说明看问题的标准不同，结果也不同。

本节课围绕这一组开放性题目展开了系列探究性活动。旨在培养学生自主探究能力、合作交流能力和创新思维能力，促进学生的高阶思维的发展。同时渗透数学思想与方法，数学的情感、态度与价值观，促使数学核心素养的养成。

学情分析

开放性题目具有一因多果或多因多果等特点，将这样的题目作为学习素材，为学生的个性化学习提供了足够的空间，满足了学生个性化学习的

○ 解码优质课堂：素养导向的学科教学模型群 ●

需求。

依据高阶思维理论，三、四年级学生在认知、理解与应用能力等方面已经得到了一定的发展。那么，如何进一步激发其高阶思维能力，具化到数学领域，高阶思维能力即探究能力、组织能力、判断能力、创新能力等，它们是这个年龄段学生认知发展和适应时代所必需的能力。

"探究性作业"教学模型需要学生启动自我系统，唤起其探究欲与积极的学习情感，实现高效学习。这对三、四年级学生来说，是件不容易的事情。

教学目标

1. 通过教学活动，进一步优化"启学—探学—辩学—拓学"这一探究过程。

2. 在教师的引导下，让学生经历小组合作学习的基本流程，明确小组学习的形式、程序及目标，积累小组合作学习的经验，培养学生的合作、交流及倾听能力，培养探究精神。

3. 借助一组开放题的展示，让学生体察"看问题的角度不同，结果也不同"的感悟，渗透初步的辩证唯物主义教育。

教学重点

通过教学，探索并优化"探究性作业"教学模型的基本流程；促使学生积累小组合作学习的经验与能力，培养其探究能力。

教学难点

促使学生感悟"看问题的角度不同，结果也不同"，培养其独立思考、主动探索的精神。

教学准备

每人一张探究作业单。

教学流程

课前谈话：

师：很高兴能给同学们上一节思维训练课。上课前，我们来聊一下这个话题：老师我与牛比，有什么不同？

生：牛不会说话，人会说话。（笑）

师：这句话是什么意思？我不太明白。

生A：他说的意思是，牛不会说人话，人不会说牛话。（大笑）

生B：牛吃草，人不吃草。

师：我有时也吃草。（大笑）

生：其实，每个人和牛相比，都有不同的地方，数与数之间也有不同的地方。

【设计意图】 课前聊轻松的话题，既能引入新课，又为学生营造了轻松、积极思考的氛围。

一、教学"问题1"

（一）问题启学

问题1：在2、4、6、7、10这5个数中，哪个数"与众不同"？为什么？请写一写

数	理由

　　○ 解码优质课堂：素养导向的学科教学模型群　●

【设计意图】 这一极具探究性和趣味性的问题，唤起了学生的兴趣、注意力及主动思考的状态。

（二）自主探学

教师指导小组合作学习，流程如下。

活动一：每个人先独立思考，尽可能多地找出"与众不同"的数，并简单地写出理由。

师：请每个同学在小组长那里领取一张作业纸，你可以在纸的左边写与众不同的数，右边写与众不同的理由。如果一个数有多个与众不同的理由，都可以写出来。

学生独立完成，教师巡视。

问题1：在2、4、6、7、10这5个数中，哪个数"与众不同"？找出来，并简单写出理由。

数	理　由
2	①是最小的质数 ②也是这列数中最小的数
4	①可以2×2，还可以2+2，其他数都行。 ②2=1+1，6=3+3，7=3.5+3.5，10=5+5，但4=2+2 1、3、3.5、5都是单数而2是双数，所以它与众不同。

7、10、
破双
怀数

问题1：在2、4、6、7、10这5个数中，哪个数"与众不同"？找出来，并简单写出理由。

数	理　由
7	①是单数，其他数是双数。 ②不能写成2×某个整数。
2	2是这列数中最小的质数。
10	10是这列数中唯一一个两位数。
6	只要6个人就可以变成"4"
4	"4"既可以"2+2"也可以"2×2"

1：在2、4、6、7、10这5个数中，哪个数"与众不同"？找出来，并简单写出理由。

数	理　由
7	7在这组数中都按顺序排，但是7没有。
10	10是这组数中最大的数。而且是唯一的两位数。
4	因为4是唯一一个可以写成2×2和2+2的数。

问题1：在2、4、6、7、10这5个数中，哪个数"与众不同"？找出来，并简单写出理由。

数	理　由
7	因为它是单数，而其他的数是双数。
10	因为它是两位数，而其他的是一位数。
2	2是列数最小的质数。
4	因为4是2+2，也可以2×2。 可以

学生作业展示

师：停笔。刚才，我有幸看到了同学们不同的解决问题的方法，说真的，有些想法出乎我的意料。来，进入下一个环节吧。

【设计意图】十分钟独立思考的时间，为学生的充分探究提供了可能。

活动二：整理自己的思路，准备小组汇报。(想一想：我在小组交流中，准备说哪几句话？)

(学生准备。)

【设计意图】在小组交流前，先独自整理自己的思路，可提高小组交流的实效性。

活动三：小组交流。

三个要求：

1. 小组内成员要一个一个轮流说，听不懂的要问。

2. 前面已经说过的内容，后面的同学尽量不要再重复。

3. 别人想到，而自己没有想到的，要记下来。

(小组活动。)

活动四：小组整理成果，准备班上报告。

首先，每组确定一个同学整理、记录小组的成果。

1. 找出自己小组认为哪个数与众不同。

2. 商量好与众不同的理由是什么。

然后，每组派一名代表，向全班报告。

(小组准备。)

【设计意图】小组交流提出了具体的要求，如认真倾听、做好记录，完善自己的答案等。一方面学生表达了自己的想法，另一方面又借鉴了别人的观点。在交流之前，教师并没有急于让学生汇报，而是先在组内整理答案，形成小组共同的研究成果后，各组派代表在班上正式发言。老师给足了学生独立思考、交流学习、整理信息的时间，确保生生互动落到了实处。

（三）协作辩学

活动五：全班交流。

师：现在，每个小组基本上都有一个比较完善的研究成果了。接下来，请一个小组上前汇报。请第一小组的王浩宇、陈小洁、陈可乐、涂瑞林、彭欣然五位同学上前来。

小组长王浩宇：我是第一小组的小组长，我们组共5人，我们将每人汇报一个与众不同的数。首先，我来发言。我们认为7与众不同。（板书7）因为在这列数中，只有7是单数，而其他的数都是双数，所以，7与众不同。

师：大家听清楚了吗？从单、双数这个角度来考虑与众不同的数，可以吗？王浩宇的发言很棒，他先说与众不同的数是几，再说与众不同的理由，表述非常清楚，希望下面即将发言的同学也要向他学习。继续——

生A：我补充一条理由。经过讨论，我们第六小组还想到了一个7与众不同的理由：7不能写成2乘某个数，但其他几个数都可以。你们看，$2=2×1$，$4=2×2$，$6=2×3$，$10=2×5$。唯独7与它们不同。（板书7）所以，7与众不同。

生B：（针对生A）我认为他说的有一个小问题。7可以写成$2×3.5$呀。我认为应该这样说：在这一列数中，7不能写成2乘某个自然数，而其他的数都可以写成2乘某个自然数，所以，7与众不同。

师：同学们，他们两个的发言很好，给我们指出了一个方向，原来，我们还可以从计算的角度来考虑这个问题。同学们，你们可不要小瞧方向问题，在我们的数学研究，乃至整个科学研究的过程中，有时，一个小小的方向，会开启一片亮丽的天空。

小组长王浩宇：7与众不同的理由，还有要补充的吗？

生C：我再说一条。在这列数中，除了7，其他的数都可以写成两个相同的数相加的形式，比如：$2=1+1$，$4=2+2$，$6=3+3$，$10=5+5$，唯独7不能

写成两个相同数相加的形式。（板书）

生 D：（针对生 C）那 7=3.5+3.5 呢？

生 E：所以，这条理由应该这样说：7 不能写成两个相同自然数相加的形式。

师：你们懂得真多，好佩服！

生 F：其实，都是因为 7 是单数。因为 7 是单数，7 不能写成 2 乘某个自然数的形式；因为 7 是单数，7 不能写成两个相同自然数相加的形式。

师：大家认为有道理吗？为他鼓掌。

生 G：在这列数中，如果把 7 擦掉，换成 8，这就是一个等差数列。相邻两个数的差是 2，所以，7 在这列数中与众不同，它破坏了这列数的排列规律。

师：太棒了，他的发言又给我们指出了一个方向。原来，我们还可以从这列数的排列规律上找与众不同的数。

生 H：按排列规律，如果擦掉 7，这列数就有规律了：2、4、6、10。2+4=6，4+6=10，6+10=16……前两个数相加的和就是第三个数。

师：一群了不起的孩子！

小组长王浩宇：7 还有与众不同的理由吗？没有了的话，下面就请我们小组的陈小洁继续汇报。

陈小洁：2 与众不同。因为它是这列数中最小的质数。

师：什么是质数？你能给我们解释一下吗？

陈小洁：质数就是除了 1 和它本身，不能被其他自然数整除的数。这里 2 和 7 都是只能被 1 和它本身整除的，2 和 7 都是质数，但 2 是最小的质数，所以，它与众不同。

师：大家听懂了吗？陈小洁真棒，懂得这么多知识。大家听不懂也没关系，以后我们会学到的。给她一点掌声。

小组长王浩宇：2 还有与众不同的理由吗？

　　○　解码优质课堂：素养导向的学科教学模型群　●

生 I：我认为 2 破坏了这一列数的排列规律。把 2 去掉。4、6、7、10 这样的一列数的排列就有规律了。你们看：4+6−3=7，6+7−3=10，就是说，前两个数之和减 3 就是第三个数。所以，2 与众不同。

师：大家没想到吧，太棒了！还有要补充的吗？

生 J：2 是这列数中最小的数。

小组长王浩宇：2 还有与众不同的理由吗？如果没人发言了，下面，由我们小组的涂瑞林同学汇报。

涂瑞林：我们组认为 4 与众不同。因为 4 能写成两个相同自然数相乘的形式，$4=2×2$，而 2、6、7、10 都做不到。

师：下面，请同学们说说，在自然数的范围之内，还有哪些数也能写成两个相同数相乘的形式？

生（齐）：$100=10×10$，$49=7×7$，$125=15×15$，$36=6×6$，$81=9×9$ 等。

生 K：实际上，像 100、49、125、36 等这些数都是完全平方数。

小组长王浩宇：4 还有哪些与众不同的理由？

生 L：4 不但可以写成 $2×2$，还可以写成 2+2，而其他的数都做不到，所以，4 与众不同。

小组长王浩宇：还有要补充的吗？如果没有了，请我们小组的彭欣然汇报。

彭欣然：我们组认为 10 也与众不同。因为 10 是这列数中唯一一个两位数，其他的数都是一位数。

生 M：10 的写法是由两个数合成的，而其他的数都是一个数。

师：从数字合成的角度也可以考虑，是吗？

生 N：10 的计数单位是 10，而其他数的计数单位都是 1。

生 O：我反对！10 的计数单位既可以是 1，也可以是 10。因为我们以前学过 10 可以是 10 个一，也可以是 1 个十。（板书）

生 P：我知道了，2、4、6、7 可以用 1 做计数单位，也可以用 10 做计数单位，也可以用100做计数单位……

师：同学们，了不起啊！知识面真广。把掌声送给自己。生O找的10与众不同的理由虽然有点问题，但他至少给我们指出了一个方向，一个思维的方向，原来，我们还可以从计数单位的角度来思考这个问题。我觉得也应该把掌声送给他。

生Q：我认为6也与众不同。因为6倒过来就是9，而其他数倒过来就不是数字了。

师：你的思路很开阔，很有想象力。同学们，我相信，只要有足够的时间和足够的知识储备，我们一定还能找出更多的与众不同的数及其理由。

（四）总结拓学

师：这道题目就讨论到这儿，你们觉得第一小组的汇报怎么样？

生：表达得有条理，说理有根据。

师：同学们刚才的交流既专注、有序，又热烈、流畅，大家表现得既会合作、思考，又会倾听、表达，这些都是重要的学习习惯。这就是理想课堂该有的样子。尤其要表扬第一小组的同学，你们在讨论中的组织能力令人惊艳！

那么，这道题目给你启示是什么？谁来说说？

生：看问题的角度不同，答案也不同。

【设计意图】"问题1"的教学，呈现了一节"问题分析型"探究性作业课堂教学模型的实践过程。教者力图传递这几方面意图：1.如何设计开放性题目？ 2.如何规范小组合作的流程，初步形成一个小组合作的共同体？3.小组交流时，如何变师生单一的教学互动为多角度、深层面的教学互动？ 4.怎样实现教师角色意识的转换？

本节课，呈现了这样一个小组合作学习的流程：提出问题—独立思考—整理思路—小组交流—小组整理成果—全班交流—生生、师生互动（质疑）—教师补充、提升。这是一个策略上的提炼，旨在真正实现生生、

○ 解码优质课堂：素养导向的学科教学模型群 ●

师生深层次互动与碰撞，让学习真正发生。

二、教学"问题2"

师：上面我们找了与众不同的数字，下面来找与众不同的图形。请小组长分发作业纸。

问题2：下面这些图形中，哪个图形"与众不同"？为什么？

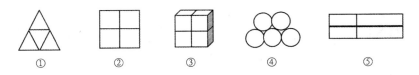

①　　　　②　　　　③　　　　④　　　　　⑤

师：请想一想，圈一圈，想好了，就可以举手示意了。

生A：图形③与众不同，因为图形①②④⑤都是由平面图形拼成的，而图形③是由立体图形拼成的。

师：有道理吗？谁也是这样想的？请举手。

生B：图形⑤与众不同，因为其他图形都是由相同形状和大小的图形拼成的，而图形⑤是由两个小长方形和两个大长方形拼成的。

师：听懂了吗？从是否平均分的角度来看待这个问题，可以吗？

生C：图形④与众不同，因为图形④是由5个相同的平面图形拼成的，而其他图形是由4个平面图形拼成的。

师：从拼组图形的数量来考虑，可以吗？

生D：我也认为图形④与众不同，因为拼成以后的图形中，图形①②③⑤都是规则图形，而图形④的整个形状是不规则的。

师：生C与生D都认为图形④与众不同，但他俩给出的理由却不同。同学们，我们在解决同一问题时，可以得出不同的答案。那么，做这样的题目对我们有什么启发？

生E：从不同的角度去看问题，可以得到不同的答案。看待生活中的人和事，也是一样的。

教师：请看最后一道题目，拿出作业纸。

三、教学"问题3"

问题3：下表是小明、小红和小强3次数学考试成绩，请判断：这3个同学中，哪一个人的数学成绩比较好？请说出理由。

姓名	第一次	第二次	第三次
小明	63	84	90
小红	82	78	80
小强	96	81	66

师：想一想，算一算。请拿出作业纸，独立完成。

（生尝试完成。）

师：刚才我看到有不同的答案了。谁的成绩好呢？大家准备发言。

生A：我认为小强的成绩好。因为我算了一下3人的平均分，小明是79分，小红80分，小强81分。小强的平均分最高，所以，小强的成绩比较好。

师：你是从哪个角度来考虑的？（生A答"平均分"。）有谁也是这样认为的？请举手。不错，从平均分的角度考虑这个问题，小强的成绩最好。

生B：我认为小明的成绩较好。大家看，第一次成绩，小强的最高；第二、第三次都是小明的最高。谁得第一名的次数多，谁的成绩就好。

师：大家说有道理吗？从3人3次成绩中谁得第一名的次数较多这个角度来看，的确是小明的成绩比较好。

生C：我认为小红的成绩比较好。小红的三次成绩很稳定，而小明、小强的成绩忽上忽下，小红的成绩可能要好一些。

师：大家听懂了吗？有没有道理？原来，还可以从成绩的稳定性方面来考虑，说得真好！

生D：小明的成绩较好。小明在进步，而小强有退步，而小红的成绩一直处于中游，所以，小明的较好。

师：非常有道理，从发展变化这个角度来考虑的话，的确是小明在不断进步，因此，我们很看好他。还有人要发言吗？

生E：小强的成绩最好，因为小强总分273分，小红总分243分，小明总分240分，小强的总分最高。

师：有道理吗？刚才生A看的是平均分，而你看的是总分，其实，平均分和总分这两个角度是一样的。

生F：小强的成绩好。因为小强第一次考了96分，他有这样的能力。第二、第三次成绩差一些，可能是他家里有事情，影响了他考试时的正常发挥。

师：有这种可能。我们真不希望看到这样的事发生在他身上。从这里我们可以看出，成绩的好与坏不但与同学们的知识能力有关，还与同学们的精神状态有关。

师：那么，这道题目又会给我们怎样的启示呢？

生G：从不同的角度去考虑一件事，选择不同的标准，可以得到不同的结论。

四、全课总结

师：这节课我们做了一些题目，如果总结一下，你想说什么？

生A：每一个数学问题，都可以有不同的思考角度。

生B：从不同的角度去思考同样的问题，会有不同的答案。

师：的确，通常是这样的。这个观点对我们做一件事、看一个人有什么启示?

生 C：看一件事要全面，不能只看一面。

生 D：看人可以从不同的角度去看，不能只看一面，人有多面性，不能只看表面。

师：的确，做一道题目，从不同的角度去考虑，会有不同的结论；做题是这样，对人、对事也是这样。

【设计意图】依托"探究性作业"教学模型设计教学，改变了过去强调知识传授的倾向，努力让学生形成积极主动学习的态度。四个教学环节都侧重于培养学生的观察发现力、分析思维力、合作表达力和归纳迁移力。这四个目标层层递进，也呈螺旋上升趋势。在一定程度上落实了义务教育阶段的数学眼光、数学思维、数学语言及数学应用等方面的培养。

[深圳市福田区荔园小学（荔园教育集团）百花校区　李映华]

小学英语教学实例

田静"叙事英语"教学模型

外语教育注重语言学习的过程，强调语言学习的实践性，主张学生在语境中接触、体验和理解真实语言，并在此基础上学习和运用语言。

传统的"教单词—读课文—回答问题"的教学模型使学生缺乏背景知识的了解，也没能在阅读方法上给予学生有效的指导。在教学过程中，因常常忽视阅读情感因素，阅读活动狭窄，导致出现教学"高耗低效"的问题。

田静老师在英语教学实践中采用既强调语言学习过程，又有利于提高学习成效的语言教学途径和方法，为学生创造在真实语境中运用语言的机会。鼓励学生在教师的指导下，通过体验、实践、参与、探究和合作等方式，发现语言规律，逐步掌握语言知识和技能，不断调整情感态度，形成有效的学习策略，发展自主学习能力。

那么，如何通过创设情境帮助学生进行学习体验与实践呢？玛格丽特·唐纳生认为儿童认知发展水平的阶段性进展，有赖于儿童对他所生活中的脉络情境做实践的推理与掌握。既然如此，将叙事思维引入英语课堂教学，让"故事"贯穿于课堂学习过程，就会为学生认知水平发展搭建支架，用丰富的故事情境充盈课堂，让学生处于脉络情境中实现认知发展，较快地从较低阶段过渡到较高阶段。

一、"叙事英语"教学模型的概念与目标

田静老师的"叙事英语",即用叙事学结构来对课堂学习的发生进行描述。将英语教学指向学生的综合语言运用能力,重视语言学习的体验性和实践性,关注学生思维能力和综合素养的提升。教学模型以叙事学理论、情境认知理论以及建构主义学习理论为依据,以培养学生语用能力,启发学生思维为目标,围绕故事的"设计—导入—体验—表达—生成"为基本环节,用故事来统整教学,将故事情节分割成教学任务模块融入课堂教学中,教学的各个环节都有着共同的目标,使整个课堂教学成为一个有机联系的统一体。

田静老师的"叙事英语"教学自始至终都围绕"故事"来展开,故事的完成就是学习目标的达成。合理的情节设计关乎课堂教学活动的顺利开展。具体做法是:确定教学主题,组织学习材料,构思学习故事,组织故事教学,学生角色体验,获得语言学习的意义,最终形成一个师生共同参与的学习故事。

而故事中蕴含着生活化的叙事思维,通过故事可以帮助学生理解世界,学生所经历的故事最终凝练成具有普遍性和概括性的模型,作为认知结构保存在学生的大脑中,为以后感知世界、理解世界提供了框架和脚本。

因此,田静老师的"叙事英语"实质上是用一种故事的眼光来考察、编排教学,用叙事的多个层面的丰富形式组织教学。它强调在学习共同体中,学生对故事角色的扮演、故事情节的推进、故事情感的体验、习得知识的生活迁移、真实问题的解决、世界意义的建构,注重对学生个体生命和体验的关照、问题解决能力的发展、学习探究能力的提升,整合学生的学习世界和生活世界,为学生知、情、意、行的全面发展提供成长的平台和支持。

"叙事英语"注重学生对故事的体验。体验是一种亲力亲为参与活动的

学习方式，以"体验"之思审视"故事"的构建，那么体验的过程就是师生的一种生命活动的历程，是师生以整全的生命投入教与学之中，在自我、他人和世界的相遇互动中感受生命，发展生命。

在教学过程中，田静老师会让学生随着叙述者进入另一个学习空间，体验着故事中角色的经历和情感变化，学生通过置身于课堂教学的"故事"中，去感受轻松、愉快的学习氛围。

"叙事英语"注重叙事的表达。将故事所承载的核心知识与技能贯穿于整个教学之中，故事的完成过程即知识的获得过程。而故事的设计应源于教材又与现实生活息息相关，应为师生具有角色参与并投入感情的学习故事。以故事架构师生互动的桥梁，目的是挖掘学生的学习潜力，提升学生对语言知识的学习能力、运用能力以及知识的迁移能力，同时通过叙事任务巩固知识，可以提升学生学习任务的完整性。

二、"叙事英语"教学模型的理论依据

（一）叙事理论

简言之，叙事就是"讲故事"，是叙述者本人或他人经历的故事。故事是以时间和逻辑顺序相连的系列事件，可以由一种媒介转换成另一种媒介。人类的生活与经验息息相关，而叙事就是人类生活经验的基本表达方式，是人们将各种经验组织成为有现实意义事件的行为。可以说，叙事的本质就是将事件按照一定的逻辑次序陈述出来，那么时间、地点、人物、故事情节等叙事要素是不可或缺的内容。所以，人们可以通过叙事来表达世界、表达自我。

叙事表达离不开语言，语言表达也离不开叙述者的想象和推理。语言是叙事的基础，是叙述者在时间和空间维度上进行再创造的心智过程。而

英语教学实质上是教师语言规则系统的呈现过程和学生与之对应的重构过程，需要学习者有意识地强化学习，并在一定的语言环境下随着学习者认知能力的发展而完成。

因此，英语教学活动的本质与叙事性特征是一脉相承的。教学活动的开展离不开教师与学生的叙述，把教学变成一个故事的建构过程，即用故事的形式叙述自己或他人的过去、现在或将来所发生的事情，这个过程也是围绕着时间和空间的维度来展开的。而且英语教学需要师生共同参与互动，这就涉及叙述者和叙事内容，即互动要有叙述者、受述者，更要有故事。各主体以不同的角色叙述自己或他人的经历，其实也是叙述者智力的运用和语言知识的积累过程。同时，在叙述过程中，各主体情感状态是否良好，关系着叙述能否顺利进行，因此，在教学过程中，情感体验与实践性是需要关注的要素。

（二）情境认知理论

情境认知理论是继行为主义"刺激—反应"学习理论与认知心理学的"信息加工"学习理论之后出现的，它关注在社会文化背景中研究知识的协商建构过程。它提倡在教学过程中创设具体的情境以激发学生的学习动机，让学生主动参与真实的活动，体验实践集体文化与经验，以实现知识的积极建构，并从根本上解决教学问题。

情境认知理论认为，知与行是交互的——知识是情境化的，通过活动与实践促进知识的理解和内化。同时，学习的设计要以学习者为主体，并以具体的实践经验为基础来进行内容与活动的安排，最好是在真实的情境中，通过实践方式来组织教学，同时把知识的获得与学习者的发展、身份建构等要素统一起来。

在教学过程中，教师创设真实生动、与学生现实生活紧密联系的教学情境，让学生在真实的语境中有序连贯地进行叙事表达。这不仅能激发学

　　○　解码优质课堂：素养导向的学科教学模型群　　●

生学习的积极性，而且也会促进学生知识与能力的发展。情境认知理论认为知识是个体与情境互动的产物，并提出知识是通过与共同体的实践互动来建构的，并不能通过教师单方面的知识传输来创造。因此，叙事英语非常关注师生的和谐关系以及学习氛围的融洽，要多样化多角度地创设学习情境，帮助学生建构故事里的故事，以达成课堂教学的全员参与，激活学生的思维。

（三）"建构主义"学习理论

"建构主义"学习理论认为学习是一个意义建构的过程，学习者通过新旧知识经验的相互作用，来形成、丰富和调整自己的认知结构。知识学习与情境化活动是联系在一起的，而且只有在真实的情境中，学习才有意义，才能完成知识的建构。学生可以在真实的情境中尝试着发现问题、分析问题和解决问题。

有别于传统的教学模型，建构主义非常关注学生的主体作用，在学习过程中，重点在于个体的转换、加工和处理，提出教师要由知识的灌输者转变为学生知识建构的引导者和促进者，在学习活动过程中起到组织和协调作用。在教学过程中，师生不把教学内容看作单纯的认识对象，师生双方都全身心地投入情景交融的创造活动中，扮演好各自的角色，在学生已有经验的基础上，教师引导学生在情境中完成新知识的建构，促进新知识的理解与内化。

教学过程中要让学生发挥其主要作用，因为知识是由学生通过积极的心理发展过程建构的，教师则通过创设情境，提供合适的教学内容和贴近学生生活的学习环境，激发学生的内在动机，与学生一起建构学习故事，帮助学生更好地掌握知识，并在实践过程中持续应用。如此，教学过程就变成一个有意义的学习故事。

三、"叙事英语"基本教学模型

田静老师的"叙事英语"围绕"情境导入—角色体验—互动表达—故事生成"几个环节来展开。语言学习需要脚本,通过课前叙事脚本设计,课堂上以创设故事情境导入,让学生按照设计的故事情节进行角色扮演,自由发挥,并在反复体验故事情节中发展语言能力,书写关于自己关于他人角色的学习故事。"叙事英语"的设计要有始有终,形成闭环式的教学模型。以故事的体验来激发学生运用语言的动机,提高学生学习参与度,让学生认识到学习的意义。

"情境导入"是"叙事英语"教学的导入环节,也即故事的开端。教师根据叙事需要,通过问题模块的形式呈现知识,并以学生的已有经验作为教学的起点,有目的地设计适切的教学情境。此环节的情境导入,不仅包含调动学生的学习兴趣,而且包含多种因素的有情之境,显现并贯穿于整个教学过程中。

"角色体验"是学生伴随故事的导入进行故事角色的扮演和体验。教师引导学生入境入情,并对角色的行为和语言加以说明,学生在理解角色的基础上将个人的经历迁移至对角色的体验、感悟和思考中,由此产生对故事的意义建构。以小组合作探究的学习方式,努力营造一个学习共同体的环境,在这样的学习环境中,教师为学生提供资源、工具、概念和技巧,协助学生利用已有经验进行学习探究,努力寻找问题的解决方案。

"互动表达"是通过制造表达的机会,让学生在学习体验过程中有机会练习如何用英语思维习惯去思考和叙述。以个人或小组的形式进行互动展示,充分发挥学生的能动性和创造力。同时教师以想象、假设或追问等形式,寻求课堂上学生的个性化表达,促成学生顺利叙述自己或他人的故事,增强学生英语学习的实践与应用能力。

"故事生成"是教学的评价与延伸环节,通过学生对故事的完成情况,评价学生是否掌握了核心知识与技能。倘若学生通过个人努力与同伴互助共同完成角色所承载的责任与行为，并顺利完成故事的各个情节，则说明学生掌握了必要的知识与技能，也即完成了学习任务，自然也就形成了一个有意义的学习故事。

这四个环节是以特定的教学目标为圆点，勾勒学生以此为原型的生活"故事"，在此故事圈中寻找可供课堂承载的，以师生共生为契机的故事，并进行一系列教学行为设计，包括教学故事构想、组织方式、提问策略、课堂评估等内容，并以此为切入点建构师生共同参与的学习故事，帮助提升学生的感知能力、探究能力、表达能力以及应用能力，培养学生的思维能力。

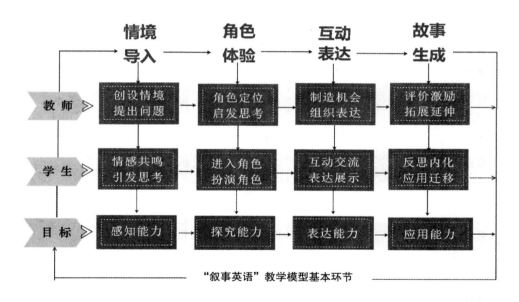

"叙事英语"教学模型图

四、"叙事英语"教学模型的教学流程

英语新课程标准明确提出小学阶段的阅读目标为：能看懂贺卡等所表达的简单信息；能借助图片读懂简单的故事或小短文，并养成按意群阅读的习惯；能正确朗读所学故事或短文。因此，阅读是语言学习的一个重要方面。阅读是巩固和积累词汇量的好方法，也是提高语言运用能力的有效方法，还是培养语感的重要方法，同时也是扩充英语知识和了解外国文化的重要手段之一。小学英语阅读教学应受到重视，也应逐渐渗透和运用基本的阅读策略，激发小学生的英语阅读兴趣，使其具有初步的英语综合应用能力。

"叙事英语"阅读教学流程

教学环节	教学手段	学生参与	教学目的
情境导入	创设情境 提出问题	兴趣激发 产生思考	教师通过描述故事发生的场景，激发学生学习内生力，让学生在观察中引起思考，因好奇而学
角色体验	角色指引 活动推进	扮演角色 小组合作	在角色指引下，让学生整体把握课文，通过小组合作探究，带着问题去找藏在文中的答案"捉迷藏"，通过捕捉关键信息，同时得出正确答案，增强阅读的自信心，激发学生阅读的兴趣
互动表达	制造机会 质疑问难	互动表达 问题解决	利用多种教学手段，充分发挥学生的主观能动性，促进学生个性化表达，循环加深，深层理解，培养学生的良好英语表达习惯
故事生成	总结评价 拓展延伸	反思内化 续写故事	通过评价激励，促进学生知识的内化，并将知识学以致用，培养学生的应用能力，发挥学生的创造性思维

田静老师认为，为了牢牢记住所学的知识，防止遗忘，需要做多种形式的训练，使知识在记忆中得到强化，形成牢固的联系，但学生理解掌握了知识并不等于会运用知识，不等于掌握运用知识的技能和技巧。要使学生从理解概念、掌握理论到运用知识，形成技能和技巧，单靠动脑加深对知识的理解和记忆是不够的，还要引导学生动口、动手，进行实际的练习或操作。学生运用知识的能力是在反复练习中形成的，从最初的不会、不准确、不熟练到比较会、比较准确，最后通过归纳和总结，逐步发展和完善起来。

五、"叙事英语"教学模型的实践策略

教师是故事设计与课堂教学的链接者，将生活素材内隐于教学任务之中，需要考虑故事的构思与开展所需要的核心知识与技术能否很好地体现在教学过程中。这就需要寻找符合学生实际需求与课堂教学过程的契合点，并利用多样化的教学策略，构建起科学、有趣的英语课堂，让学生在体验故事的同时提升英语水平。

（一）精心选择叙事材料，用故事架构课堂教学

1. 整合课程资源，精选教学材料

田静老师非常讲究教学内容的选择，所选内容既符合儿童的兴趣，又能够吸引学生。同时故事设计尽量与教材的主题教学相结合，注意形式与内容的搭配，逐步发展学生的学习能力。同时，联系学生生活和英语语言国家的文化和生活背景等，选择适合学生的年龄段、生理和智力水平的英语读物，选用生词率在3%~5%，让学生能读懂70%~80%内容的语言材料。

在选定教学材料的基础上，结合学生的学习需求，以及所必需的知识行为要素，有的放矢地对学生进行学习技巧和策略的训练。

2. 以故事搭建为平台，激发学生学习热情

田静老师以连贯性有吸引力的故事情节，对角色的塑造精心设计，通过呈现有意义和有价值的学习主题吸引学生的注意力。在教学过程中，学生能够伴随故事的情节发展、冲突萌芽、发展高潮等环节，体验时而紧张时而放松的过程。引导学生从对故事情节的好奇心转化为强烈的求知欲，进而开展一系列的自主探索与小组合作，使学习的需求得以满足。如在学习四年级第 8 册 Unit 6 的 "Story Time" 时，教师先拿出一个盒子，问学生："What's in the box? Guess!" 同时摇晃盒子，让学生听声猜测。学生问："Is there any sand?"。教师进一步提示："They can grow into plants. They need water, soil and light." 随着教师提示的深入，学生恍然大悟："Oh, they're seeds." 教师进一步引导："The seeds are so small. Can they grow into plants? How can they grow into plant? There's a TV show about seed's growing. Let's watch it." 这些问题的提出复习了这个单元所学的主要句型。学生通过图片发挥想象，积极回答教师的问题。这些热身活动的意义在于使学生处于积极的准备状态，带着目的和愿望去读，充满信心去读，变被动式阅读为主动式阅读，有助于形成阅读技巧，提高理解能力。

在剑桥少儿英语青少版第 4 册 Unit 2 "Good sports" 单元教学设计中，田静老师创设学生们在 Simon 家附近的新体育中心，通过阅读体育中心的宣传手册、听读文本录音、观看视频、角色扮演、口头介绍等课堂活动，让学生体验角色扮演的真实性，在情境的推动中引导学生完成单元学习，并取得很好的效果。

（二）创新组织方式，提升学生学习体验

"叙事英语"教学充分利用有效阅读教学策略，注重提升学生英语阅读理解能力，增强学生的英语语言综合运用能力。

1．动静结合，注意课堂氛围把控

在进行"叙事英语"教学过程中，注重语言学习过程的合作，强调学生之间的积极互动与合作探究精神。教师通过营造良好的课堂学习氛围，促进学生角色之间的交流与沟通，这样既能帮助学生发展语言能力和认知能力，又能帮助学生提升语言交际能力和思维能力，进而提升学生的社会能力。如：提倡"讨论式阅读"，尊重学生的个体差异，重视学生的个性发展，允许学生有自己的见解。把阅读还给学生，把课堂还给学生，实行师与生、生与生的多项交流方式。

田静老师还非常注重静心阅读，为学生提供一个安静的学习环境。如：关掉投影仪，控制学生讲话、讨论，保持教室肃静，排除其他干扰因素等。有的教师在学生阅读时打开背景音乐，有的打开计时器进行计时，有的在屏幕播放一些动画，这些都会对学生的阅读产生干扰作用，不利于学生集中精力专心阅读。

2．以问题牵引，促进交流

除了营造和谐的课堂氛围以促进小组互动交流之外，田静老师还常常以问题牵引，制造表达的机会。她认为通过问题情境可以让学生产生疑问，而且英语的学习需要通过交流运用才能得到巩固，所以引导学生充分利用已有的经验与同学一起思考、一起探讨，在交流中不仅能获得知识还能获得一定的成就感，进而提升语言表达能力，收获愉快的学习体验。

设置阅读问题时应有下列三个层次：1.Literal level 字面层（Read the lines），让学生能直接从文章字里行间中找到答案。2.Interpretive level 阐释层（Read between the lines），学生需要根据文章上下文的意思寻找答案。3.Applied level 应用层（Read beyond the lines），学生理解文章后，经过分析、推理、判断后得出答案。如：在进行 The North Wind and the Sun 一文阅读教学设计时，可进行如下的提问设计，Literal level 字面层问题可以设计成：1.What did the North Wind do to the man? 北风对人做了些什么？Who won the argument finally? 最后谁在争论中获胜？等等。Interpretive level 阐释层的问题如：Why did the man pull his coat tightly when the North Wind blew? 为什么北风吹起的时候人拉紧了外衣？Why did the man take off his coat when the Sun came out? 为什么太阳出来的时候人脱下了外衣？The moral of the story is persuasion is stronger than force. Who used persuasion in the story? Who used force? 言辞胜于武力，谁使用了言辞？谁使用了武力？等等。Applied level 应用层的问题如：What do you think of the Sun / the North Wind? Who do you like? Why? 你怎么评价太阳 / 北风？你喜欢哪一个？为什么？

六、"叙事英语"教学模型的风格特色

"叙事英语"教学符合学生的认知特点，这种以创设契合学生年龄特点的学习情境，在潜移默化中将嵌入到故事情节的知识和技能传输给学生的授课方法，不仅不会引起学生对知识的反感，反而会使学生对学习的内容充满好奇。田静老师关注学生的感知、探究、体验、表达与应用能力，在课堂上注重培养学生解决问题的能力，让学生体验角色扮演的真实性，在体验过程中寻求问题的解决方法、建构知识的意义以及思维方式的提升。

（一）巧设情境，激发学习动机

田静老师创设的情境以"情"为纽带，以活动为主要方式，鼓励学生积极参与，激发学生的情感与思维，注重人与情景的交互作用，促进学生的全面发展。

1. 描述性情境

故事对于孩子来说有着天然的吸引力，因此以故事代入所形成的学习故事更能激发学生的学习积极性。田静老师抓住学生喜欢听故事的特点，

在英语教学中首先做到靠情感激发学生的学习动机，通过生动形象的语言描述故事发生的场景，搭配上音乐渲染，给学生以听觉冲击，让学生在享受美妙的故事中自然而然地进入情境，同时还会设置悬念，让学生对即将学习的内容充满好奇心。

2. 直观性情境

田静老师采用直观的视频、电话小留言、圣诞节小贺卡、简短书信及图表等方式来创设情境，从多个角度调动学生的学习兴趣以及对语境的感知。让学生闻其声、观其行、临其境，田静老师做到了"物"与"境"的和谐统一，同时对呈现情境的背景知识进行详细的补充，将学生带入与课文内容相关的情境中，跟随故事情节的变化，灵活运用呈现方式，增加课堂学习的趣味性。这既符合学生的身心发展规律，也符合叙事教学的需求。

3. 体验式情境

"叙事英语"教学非常关注学生的学习体验感，采用学生扮演角色或表现角色的方式，对角色所承载的内容进行感知、记忆和承担，这个过程有利于激发学生的想象与探究活动。通过讨论角色、理清人物关系、体验角色、融入角色以及获得角色的表达等环节，让学生深入理解学习内容，收获自我效能感并获得英语语用能力的提升。

4. 问题式情境

田静老师以故事加提问的方式为学生导入情境，在问题的牵引下循序渐进地将学生带入与学习内容相关的情境中，通过在故事脉络中呈现的问题吸引学生，使学生在故事情境中学习，目的是激发学生的求知欲，引导学生积极思考并通过解决问题获得知识。

（二）学思并进，启发学生思维

在"叙事英语"教学中，田静老师非常关注学生逻辑思维、批判性思维以及创造性思维的培养。在问题设置上紧扣教材与学生的生活实际，在导入、探究、分享展示等环节，通过一系列问题来引导学生进行思考，达到训练学生思维的目的。不同的问题设置，对学生的认知水平和语言能力的要求也不同，在文本处理上，田静老师还通过叙事文本阐释、文本超越等方式来设置问题，目的是帮助学生获得表层信息，锻炼浅层思维能力，引导学生感悟文本深层意蕴，提高学生的深层思维能力。

学生语言应用能力的提升，是学生在对学习内容的逻辑、语言、思维进行深度思考后进行的输出。田静老师在脚本设计时，以学生为中心，以提升学生思维为核心设计环环相扣的故事情节。通过个性化表达和小组合作学习共同体的合作探究、交流展示，体现学生思维活动，突出语言与思维的碰撞，提高学生的逻辑思维能力、批判性思维能力和创造性思维能力。

在进行角色扮演的过程中，通过揣摩设计意图、剖析人物形象、猜测词义和阐述异国文化观点等来实现意义建构，培养学生思维的逻辑性和批判性。在教学过程中，田静老师引导学生反复推敲和思考，通过猜测、判断等技巧理解作者的意图、观点和想法，既是提高学生阅读理解能力的重要方式，也是提升学生思维的重要途径。通过表现角色，让学生习得优秀品质，树立正确的世界观、人生观、价值观，也能提升学生的思维。在理解方面，引导学生通过联系上下文语境，结合已有的知识经验加以分析、推理，并对文章材料或作者的观点发表自己的看法，学生在自我思考后与同学产生思维碰撞，这不仅有效培养学生思维表达的逻辑性，也提升了学生批判性思维能力。

附："Sports"教学案例

教学内容分析

本课教学内容围绕着主题"Sports"展开，通过对话、歌曲、故事等内容来了解不同的体育运动形式，发现自己的爱好，感受运动带来的美好与乐趣。

本课内容是三个孩子讨论选择学习什么项目的体育运动。这是一节会话教学课，通过本课教学引导学生在会话中感知、理解、运用 learn to climb、sail、skate、water sports 等核心词汇以及 "What can you learn to do...? I can learn to..." 等核心句型的学习，并能够进行初步分类和进行较完整的体育运动项目介绍，表达自己的喜好与观点。

本课将在 "Visiting the Activity Centre" 的语境下创设语用任务来表达。创设学生们参观附近的新体育中心，通过阅读体育中心的宣传手册、听读文本录音、观看视频、角色扮演、口头介绍等课堂活动，帮助兄妹三人选择自己想要学习的运动项目，并制作海报吸引大家参加体育运动，在情境的推动中引导学生完成本课核心词汇以及核心句型的学习，并能够进行完整的介绍以及表达自己的观点。让学生在语境中感知理解并运用语言，培养学生的综合语用表达能力。

学情分析

本课的授课对象为六年级学生，本课话题"sports"贴近学生的日常生活，是学生熟悉并感兴趣的内容。学生在六年级第一学期及以前学习过部分相关体育运动的单词，如 run、swim、dance 等，已学习过"What can you do? I can..., I want to... 等相关的句型"，能就日常话题进行简单的交换信息和谈论，这都为本课的学习打下了基础，通过旧知的唤醒，搭建起新旧知识的桥梁，从而构建新知，丰富知识结构。

六年级学生好奇心强，以具象思维为主，以直接体验学习方式为主，逐步开始由具象思维向抽象思维过渡，具备一定的逻辑思维能力，但还不能较全面和有逻辑地就所见所闻进行表达，本课需要提升的地方在于学生能介绍体育运动项目以及表达自己的喜好与观点，需要教师通过叙事语境的带动，呈梯度的教学活动等引领学生达到教学目标。

教学目标

1. 学生能正确朗读、理解及运用 learn to climb、sail、skate、water sports 等核心词汇；学生能用"What can I learn to do...? I can learn to..."等句型进行相关的询问和问答。

2. 学生能理解会话的内容并能获取相关信息。

3. 学生能较完整地介绍体育运动项目以及表达自己的喜好与观点。

4. 学生能体会运动的美好与乐趣以及了解中西方不同的体育运动。

教学重点

1. 学生能理解及运用核心词汇及句型进行询问和回答。

2. 学生能理解会话的内容并能获取相关信息。

教学难点

学生能较完整地介绍体育运动项目以及表达自己的喜好与观点。

教学准备

教师：制作海报用练习纸。

教学流程

I. Pre-task preparation 情境导入

1.师：Children，do you love doing sports? Let's enjoy a song of sports together.

（教师播放歌曲。）

师：What sports do you love doing? Why?

生：I love swimming / running / playing football...because it's fun...

【设计意图】课前一首"I love sports"的歌曲作为热身，用师生的对话激活学生已有知识储备，为下一步学习做好铺垫，同时引入本课的课题。

2.师：I love doing sports too. I often go to the Activity Center. Do you know what an activity center is? What can you do there?

（教师出示体育中心的图片做提示。）

生：We can do different sports.

师：Yes. An activity center is a place where you can do different sports.

3.师：Good news! There's a new activity center. The children are very happy to hear that. What is in the center? What activities can they learn? Now they are visiting the center. Let's go and follow them.

生：Hooray！ Let's go.

【设计意图】学生们跟随这些孩子们，参观附近新开放的体育中心，看看体育中心里有什么新的设施和有意思的体育项目。以学生已有经验作为教学的起点，调动学生的学习兴趣，让学生在观察中思考，因好奇而学，此情境贯穿于整个教学过程。

II. While-task procedures 角色体验

1. 师：We are outside the activity center now. Wow! It is so big. Where can we start our visit? Look, there are some guide books. We can read and find what's in the activity center.

生：There's a lake outside. There's a dancing room inside. I can see a climbing wall both inside and outside...

2. 师：What can children learn to do inside and outside?

生：They can learn to sail, fish and swim outside. They can learn to dance, play basketball and skate inside. Oh, They can even learn to ski inside too. How amazing!

【设计意图】学生们通过阅读体育中心的宣传手册，了解体育项目类别，了解室内室外体育项目及如何表达，使用句子 You / They can learn to... 提出建议。有目的地设计适切的教学情境，调动学生的学习兴趣，理解掌握核心词汇。

3. 师：Alice, Kitty and Joe want to choose the activity to learn. Let's listen to their conversation. What would Alice / Kitty / Joe like to learn?

学生通过听读文本录音、观看视频、角色扮演、模拟对话、口头介绍等课堂活动，找到信息。

生：Joe would like to learn to climb. They've got a climbing wall

○ 解码优质课堂：素养导向的学科教学模型群 ●

outside and inside. Alice doesn't want to sail. She hasn't got any skates either. She can learn to dance.

【设计意图】Alice，Kitty and Joe 打算学习一项体育运动，他们是怎么选择的呢？学生伴随故事的导入进行故事角色的扮演和体验。教师引导学生入境入情，并对各角色的行为和语言加以说明，在情境的推动中引导学生完成本课核心词汇以及核心句型的学习，并能够进行完整的介绍以及表达自己的观点。学生在理解角色的基础上将个人的经历迁移至对角色的体验、感悟和思考，由此产生对故事的意义建构。

III. Post-task activities 互动表达—故事生成

1. 师：Now Joe and Alice have decided what they want to learn. What about Kitty? Has Kitty found her favourite activity?

生：No. Not yet.

师：Can you give her some advice using the sentences given? You can work in pairs and share your ideas with your partner.

【设计意图】互动表达 Joe 和 Alice 找到了自己喜欢的运动，那么 Kitty 呢？会话中没有给出 Kitty 的观点，你能给 Kitty 一些建议吗？通过制造表达的机会，让学生在学习体验过程中有机会练习如何用英语的思维习惯思考和叙述。以两人小组的形式进行互动展示，发挥学生的能动性和创造力，寻求课堂中学生的个性化表达，增强学生英语学习的实践与应用能力。

2. 师：The new Activity Center wants to make some posters to introduce the sports in the center. Can you work in groups and help make some posters? You can use the sentence patterns like "It's got... You can learn to... It's..."

【设计意图】故事生成如何介绍体育中心的体育项目，让更多的孩子参与体育运动项目，学生分小组讨论设计海报，把本课所学运用到实际任务中来，通过展示、互评激励，促进学生知识的内化，将知识学以致用，培养学生的应用能力，发挥学生的创造性思维。

IV. Summary

师：In today's class, we learned to use the key words and sentences to introduce the activities and find your favourite one. You designed posters to tell others how fun doing sport is! Do you know the different sport in different countries?

生：I know Kungfu is from China. Taekwondo is popular in Korea. Children in western countries love playing Hockey.

【设计意图】鼓励学生探索课堂外的体育知识，体会运动的美好与乐趣，了解中西方不同的体育运动。

[深圳市福田区荔园小学（荔园教育集团）百花校区　田静]

郑子嘉"人文融合英语"教学模型

　　教育教学最终指向的是培养学生的核心素养。核心素养，是指学生应具备的能够适应终身发展和社会发展需要的必备品格和关键能力。英语学科的核心素养包括语言能力、思维品质、文化品格和学习能力四个维度。其中文化品格是指人或事物（或某一类人、某一类事物）在价值观念、思维方式、行为方式等方面所表现出来的精神、气质、风格、特点与特征，它既是对人或事物的文化属性的规定，也是其价值取向的重要表征。

　　在英语学科中，文化品格是指学生对中外文化的理解和对优秀文化的认同，以及在全球化背景下表现出的知识素质、人文修养和行为取向。通过英语课程的学习，学生能获得文化的传授与熏陶，通过文化异同的比较，吸收文化精华，形成正确的价值观念和道德情感，并具备一定的跨文化沟通和传播中国优秀文化的能力。

　　郑子嘉老师充分利用课堂主阵地，深入挖掘现有英语教材，重构学习关系，重整组织方式，将文化教学巧妙地融合到丰富多样的语言实践活动之中，实现小学英语教学与人文教育的有机融合，提高学生的人文素养，提高学生的学科核心素养。

一、"人文融合英语"教学模型的概念与目标

人文教育的失落已成为现代高等教育的严重缺陷之一，这一现象已经引起了国内外教育界的普遍关注。语言教学是人文教育的基本途径，而作为基础阶段的小学英语教学，启蒙作用更是不可或缺。

英语作为人文类学科，在提升学生文化品格方面具有十分重要的作用。郑子嘉老师认为，英语学习绝不仅仅是学习语音、语调、词汇、语法等枯燥乏味的知识，更重要的是对学生国际化思维、情感、态度、价值观等深层次维度的培养和熏陶。

因此，郑子嘉老师深入分析学生学情，结合自身丰富的教学经验，提炼出"人文融合英语"教学模型。郑子嘉老师转变传统的教育观念，深入挖掘英语教材，调整教学内容，创新课堂教学模型，在传授英语国家人文背景知识的同时，重视本土文化的导入，将文化教学融合到丰富多样的语言实践活动之中，让学生了解并热爱中华民族的历史与文化，培养学生的人文精神，实现小学英语教学与人文教育的有机融合，提高了学生的人文素养。

二、"人文融合英语"教学模型的理论依据

（一）语言顺应论

比利时著名语言学家、国际语用学会秘书长维索尔伦创立了语言顺应论。在他看来，语言使用是语言发挥功能的过程，是语言使用者根据交际语境的需要不断选择语言手段，以达到交际意图的过程。

顺应理论强调语言与交际目的、交际环境、交际对象之间的一致性。维索尔伦认为语言的使用过程就是语言使用者不断进行语言选择的过程。

这种选择与语言的变异性、协商性与顺应性有关。人们在使用语言时可以根据当时交际语境的需要不断地选择语言手段以达到交际意图。

从顺应理论的角度看，在小学英语教学中渗透中国传统文化要顺应社会文化、顺应交际情境和顺应交际者。面对不同的文化背景，交际者要对语言进行选择、对文化进行顺应。在小学英语教学中渗透传统文化要顺应交际情境，这就要求在教学活动中创设语言情境，让学生在接近真实的语境中用英语做事情。

（二）最近发展区理论

最近发展区是由苏联教育家维果茨基提出的儿童教育发展观。他认为学生的发展有两种水平：一种是学生的现有水平，指独立活动时所能达到的解决问题的水平；另一种是学生可能的发展水平，也就是通过学习所获得的潜力。两者之间的差异就是最近发展区。

教学应着眼于学生的最近发展区，为学生提供带有难度的内容，调动学生的积极性，发挥其潜能，超越其最近发展区而达到下一个发展阶段的水平，然后在此基础上进行下一个发展区的发展。

小学教学时间跨度大，学生年龄、心智水平以及认知能力相差甚远，英语教学渗透传统文化教育不能一刀切。因此即使面对相同的文化主题，也要根据低、中、高年级三个教学阶段的特点，从学生的实际情况出发，确定学生的最近发展区，提供适当难度的拓展内容，制定明确、详细、切实可行的教学目标，选择合适的教学行为和综合性活动，提高教学效率。

三、"人文融合英语"基本结构

郑子嘉老师的"人文融合英语"教学并不是零散的实践，也不是固定在某一教学环节的实践，而是贯穿在整个教学的课前、课中、课后的实践之中，由点状联结成结构，并形成体系。郑子嘉老师的"人文融合英语"基本结构如下图所示。

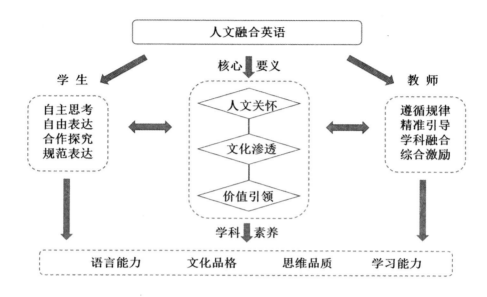

"人文融合英语"教学模型基本环节

这一结构图示，既理清了"人文融合英语"的教学操作思路，也能对其他教师的学习与"再创造"进行留白。郑子嘉老师的"人文融合英语"以"人文关怀""文化渗透""价值引领"为核心要义，其目的是培养与提升学生的学科素养。

"人文关怀"具有广泛的社会性和鲜明的时代性，党的十七大报告提出，"加强和改进思想政治工作，注重人文关怀和心理疏导"。人本身就是目的，肯定人性的价值、意义和人的主体性是非常有必要的。在理顺人与其他对象的种种关系中，确立人的主体性，从而确立一种赋予意义和价值的人生关怀，实现人自由而全面的发展。人文关怀不仅仅是从经济和道义上给予关怀，更重要的是在政治上、精神上充分实现人的价值。

"文化渗透"是指郑子嘉老师将传统文化渗透教学融合到日常英语教学

○ 解码优质课堂：素养导向的学科教学模型群 ●

之中，让学生在教学活动中潜移默化地得到传统文化的熏陶；也让学生意识到传统文化不是躺在故纸堆里的文物，而是与日常生活息息相关的；帮助学生树立正确的人生观与价值观，实现对学生的"价值引领"。

郑子嘉老师的"人文融合英语"教学模型并不是固定于某一个教学环节，而是灵活贯穿于多个教学环节，甚至贯穿于每一个教学环节。其主要从"教"与"学"的角度，对"人文融合""文化渗透"进行落实。

在"教"的方面，郑子嘉老师遵循学生的身心发展规律，根据具体学情对学生实施精准引导，融入中国传统文化的知识与内涵；注重以英语学科与其他学科相融合的方式实施教学，实现中国传统文化的多元渗透；在教学过程当中，根据学生的具体表现进行评价与激励，让学生获得学习上的成就感，而这种成就感又会作用、提升学生以后的激励价值，维系学生主动学习并形成良性循环。

在"学"的方面，学生在郑子嘉老师的引导下，结合教材知识点和英语文化背景，在学习英语及西方文化的同时，理解东西方不同的文化内涵，培养自己跨文化交流的能力；自主思考后形成自由表达，合作探究后进阶规范表达。在英语课堂上，学生参与的所有学习，最后都会通过表达的形式，把自己的所思所感外化呈现。

四、"人文融合英语"教学模型的教学流程

郑子嘉老师在英语教学中，注重以"情境"贯穿课堂，为学生创设人文交际语言环境；以"活动"丰富课堂，开展有趣有效的教学活动；以"高效"夯实课堂，丰富课堂内容，明晰课堂节奏；以"亮点"升华课堂，体现人文关怀与文化渗透。

"人文融合英语"之新授课

教学环节	教师活动	学生参与	教学目标
Leading:Daily English	多元导入 激发兴趣	Daily talking 自由表达	引起兴趣，激发热情
Revision	创设情境 复旧备新	自主思考 生疑质疑	复习旧知，活跃思维，引入新课
Presentation	呈现新知 文化渗透	自主学习 整体感知	引导学生直观、准确地获取新知，促进学生的文化理解
Practice	任务布置 巩固活用	实践操练 演绎交流	引导学生对新知的理解、吸收、内化、深化
Extension	知识拓展 价值引领	情感体验 思维拓展	加强学生对文化理念的熏陶，促进学生高阶思维的形成
Assessment	总结归纳 激励评价	多元评价 互督互促	总结认知发展、促进内化生成

环节一：Leading：Daily English

该环节中，教师充分利用好课前预备时间，通过多元话题导入，激发学生的学习兴趣。使得学生通过 Daily talking 进行自由表达，并迅速进入英语课的学习状态；还能拓展学生的英语思维或语言知识滚动出现，为完成语言目标扫除障碍。

在日常教学中，可以采取以下几种形式。

1. 低年级从 phonics／sight words／rhymes／songs／poems 开始，可以选择课本内外或者原汁原味的歌曲、童谣，引起学生兴趣，激发学习热情，复习以前学过的内容，引出本课要学习的新内容。

2. 中、高年级从 Daily talking 开始一节英语课。常规的做法是聊一聊当天的日期、天气或者最近的新闻趣事等。可以从当天日期开始,深入谈一谈相关知识点,如节气、传统节日以及相应的风俗习惯和传统食品等。整理好当月的日历,每节课都会向学生展示。根据日历谈一下当天的日期和天气,如恰到其日,紧接着展示相关知识点。

3."每日一句"或"每周一句"。谚语、格言是人们提炼出的反映深刻道理并含有教育和劝诫意义的通俗语句,对人们的生活、学习、工作等都有一定的指导意义。有很多中国谚语、格言已经被翻译成英文,而且朗朗上口。教师可以收集整理,并进行分类。在教育教学活动中适时选取一些谚语、格言传授给学生,不失为一条寓德于教的有效途径。

环节二:Revision

教师开始组织教学并创设情境,激活学生旧知,复旧备新,活跃思维,引导学生进行自主思考、生疑质疑。

该环节可以从学生的身心特点和兴趣爱好出发,通过适当的情境创设,与学生分享一些趣味性的故事或一本有趣的书,以迅速引起学生的注意,将其思绪拉回课堂。此时,教师的立足点不要仅限于一个故事或者是一本书,还应放眼广大的阅读世界,积极引导学生理解故事背后的含义,理解作者所表达的世界观和人生观,深刻体会阅读的意义,享受阅读的快乐。

环节三:Presentation

在这一环节中,教师主要对新知识进行呈现,介绍本课的主要知识点,引导学生自主学习获取新知。并以总结归纳的形式,引导学生借助思维导图了解掌握知识结构。在教师的示范与引导下,学生进行完整准确的表达。

在该环节中,教师需要结合教材知识点和文化背景,适当渗透东西方文化教育,让学生在学习英语以及西方文化背景的同时,理解东西方文化内涵,比较文化的异同,具备跨文化交流的能力。围绕教学内容创设人文交际语言情境,模拟生动活泼的语言情境,让学生更加直观、准确地感知,引导学生借助语境悟出新的内容,获取语言信息。通过英语课程的学习,学生能获得文化知识，理解文化内涵，比较文化异同，吸收文化精华，形成正确的价值观念和道德情感，具备一定的跨文化沟通和传播中华优秀文化的能力。

环节四：Practice

在这一环节中，教师根据学习的知识点设置任务，引导学生对知识进行巩固和运用。对已经建立起初步印象，且完成音、形、意等信息输入的新语言知识进行操练（drills）和实践性练习（practice），以达到进一步内化、吸收和深化理解的目的。它是保证教学内容得到落实，课堂效率得以提高以及后续教学环节得以顺利开展的核心环节，因此，在教学中要重点关注。

操练形式多样：如 pair work/ role play/group work/survey/worksheet/discussion 等。通常是设计真实的或模拟真实的任务活动，使学生带着真实的目的，在真实的情境中运用所学的语言实实在在地做事情，完成一个真实的任务，得到一个真实的结果，在实践中获得生成语言运用能力的体验。

活动的设计和开展要有梯度、分层次（要注重全员参与，也要让优秀的学生得到充分的发挥）。

替换练习——替换关键词，结合自己的生活经历和经验，进行真实交流。

模仿朗读——模仿录音，有感情、有表情地表演。

回答问题——师生对答、生生对答或者小组合作、交流、展示。

环节五：Extension

活动的设计和开展要能激发学生的思考，引导学生把原有的储备与今天的学习内容进行融合，让学生脑洞大开，顺着学习的主题展开奇思妙想，获取情感体验，拓展思维。鼓励学生积极发言，积极展示。有些课文内容涉及文化背景，但是未能深入探讨而流于表面。教师应把握时机，对文本内容进行进一步的发掘、拓展。以下几种方法作为参考。

概括法：课程结束时，将教学内容加以精辟概述，提炼观点，进行人文价值的概括提升，把内容和情感与价值观结合起来。

提问法：设置疑问，引发学生思考，引导学生利用所学到的知识以及各种信息渠道找到问题答案。

对比法：引导学生前后联系，将其共同与不同点列出，进行分析对比，学生通过分析比较加深理解和认识。

衔接法：为了下一节课的顺利进行，在课堂结束时，向学生提出预习下一节课的要求或收集所需资料。

环节六：Assessment

英语教学评价是课堂教学的重要组成部分，是总结归纳课堂和活化教学过程与方法的重要手段。采取的方式主要有：过程性评价，如进行特色作业评比；表现性评价，如口语考试、讲故事比赛和课本剧表演等；总结性评价，如开展项目式学习等。

评价注重形成性和多元化，注重广度、深度、亮度，体现面向全体学生认知发展需要，对促进学生知识技能内化生成有着不可替代的重要作用。教师要采取过程评价与结果评价相结合的方式，既关注学生英语知识与英语学习技能的掌握情况，又要注重对学生在英语学习过程中参与、交往、合作和探索过程的考查。把教学评价融入教学过程，调整教学进度，检测教学成效。评价的设计最好与该节课的教学内容和学习新课相关，使评价不仅仅是评价测试学习效果的工具，也是学生自主学习自我提高的一种方法。

五、"人文融合英语"教学模型的实践策略

郑子嘉老师充分利用课堂主阵地，在小学英语日常教学中进行传统文化的教学与渗透，在探索与实践中形成了较为丰富的教学经验。郑子嘉老

师认为课堂是教学的主阵地，教师应该紧紧抓住并有效利用课堂的每一秒钟。在课堂教学中融入传统文化教育，让学生在潜移默化中接受传统文化的熏陶。

（一）立足文化与时事，Daily talking 引思考

郑子嘉老师充分利用课前开始的预备时间，开展 Daily talking，让学生迅速进入英语学习状态。常规的做法是聊一聊当天的日子、天气，或是最近的新闻时事、趣事等。

1. 关注传统文化，进行文化熏陶

郑子嘉老师会从当天日期开始，深入谈一谈与当天相关知识的点。

如整理 2020 年 4 月的日历后发现，4 月与传统文化相关的日子有 4 月 3 日（寒食节）、4 月 4 日（清明）以及 4 月 19 日（谷雨）。在 4 月 3 日的 Daily talking 中，郑子嘉老师向学生介绍了寒食节的由来、风俗习惯以及传统食物：

The Cold Food (Hanshi) Festival is usually one day before the Qingming Festival. One of the most important custom is to forbid making a fire!

Special food: cold food by flour.

The Cold Food (Hanshi) Festival has long history, and it dated back to the Spring and Autumn Period（春秋时代）. It is popularly associated with Jie zitui（介子推）and the King Wen of Jin（晋文公）.

二十四节气是中国古代人民智慧的结晶，不仅指导农业生产活动，还提醒人们关注季节天气变化，提示人们根据季节变化调整生活方式。然而，在当今社会的日常生活中，人们却慢慢遗忘，尤其是小学生，更是对其知

之甚少。郑子嘉老师通过 Daily talking，逐渐引导学生认识并了解这些知识。如 4 月 4 日，既是传统节日清明节，也是二十四节气中的清明，对于中国人来说，是一个重要的日子，需要向学生讲清楚其重要性。

The Qingming (Pure Brightness) Festival is one of the 24 solar terms. It is the high time for spring plowing（耕作）and sowing（播种）.

It is more a festival of commemoration（纪念）.

Activities: Tomb Sweeping or Ancestor Worshipping（扫墓祭祖）

Spring Outing（春游）.

润物细无声。Daily talking 每天只占用课前几分钟时间，却让学生在不知不觉中接受传统文化的熏陶。也让学生意识到传统文化不是躺在故纸堆里的文物，而是与日常生活息息相关。中国人的思维方式和行为习惯皆由此而来。

2．关注时事政策，契合品德教育

郑子嘉老师注重时事政策，并且时时在英语课堂中渗透传统品德教育。

比如：上海牛津深圳版六年级下册 Module 1　Unit 1 "You and me" 一课的 "Culture Corner（文化角）" 中，要求学生学习五大洲七大洋的英文单词。在讲授此课时，恰逢新冠病毒肆虐。在抗击疫情的过程中，中国力所能及地向世界提供援助，获得多方赞赏。郑子嘉老师引导学生把视野从国内转到世界，关注世界疫情，思考解决之道，并学习习总书记关于构建人类命运共同体的重要论述。

守望相助，共克时艰。中国向国际社会提供抗疫援助，推动国际社会抗击疫情的团结合作，传递了中国情谊，彰显了大国担当。作为中华民族的未来，学生们需要了解这些，从小开始培养社会责任感。

在英语课堂中渗透传统品德教育，还体现在配合民族精神教育和品德教育的专题活动中。例如，结合荔园小学"雷锋日"活动，"荔园学子百变身，雷锋精神赋新义"，讲述雷锋的故事；"笔墨生香——书法、国画名师进校园"，认识文房四宝的英文表述；"荔说新语庆中秋，嫦娥歌舞入校园"，了解后羿射日和嫦娥奔月的故事……

（二）剖析现有教材，深挖文化内涵

郑子嘉老师认为，在渗透传统文化、进行传统文化的教学时，不能完全脱离教材，不要抛开现有知识体系以及西方文化背景，要结合教材知识点和文化背景，适当渗透传统文化教育，让学生在学习英语以及西方文化的同时，理解东西方文化内涵，比较东西方文化异同，培养跨文化交流的能力。

在上海牛津深圳版教材四年级下册 Module 2 Unit 6 "Music" 一课的教学中，主要句型是 "I can play the..."，主要单词是 piano、violin、guitar、triangle、drum 等西洋乐器。在学习了主要句型和单词、欣赏了西洋乐器的精彩表演以后，郑子嘉老师向学生提出了一个问题："Maybe the piano is the most popular musical instrument nowadays. Many students can play the piano. But do you know Chinese musical instruments? Who can play Guzheng or Pipa?" 学生们感到很惊奇，他们大部分都不知道中国传统乐器到底该怎么用英文表达，也不怎么观看传统乐器的演奏。由此，郑子嘉老师补充了一些常见的传统乐器单词，如 Guzheng, Pipa, Erhu, Chimes 等，向学生们展示了它们的图片，并聆听它们各自的优美声音，欣赏了著名民乐作品 *High Mountains and Flowing Water*（《高山流水》）。然后再从传统乐器引到国粹——京剧（Beijing Opera），介绍京剧的音乐和角色特点。

课堂上，学生们陶醉于中国乐器的美妙乐声，震撼于编钟的宏伟，也对京剧的生、旦、净、末、丑产生了浓厚兴趣。对这些学生们极少涉及的领域，教师有责任引导他们去发现，去了解。

另外，有些课文内容涉及传统文化，但是未能深入探讨，只流于表面。教师应把握时机，对课文内容进行更深入的发掘。在上海牛津深圳版教材五年级下册 Module 4 Unit 11 "Chinese Festivals" 一课中，课本主要陈述了春节的时间、重要活动和食品。内容比较简单，仅仅是陈列事实。讲授完这些内容以后，郑子嘉老师补充了一些有关春节食品和活动的词汇，介绍了各类食品代表的吉祥愿望和美好的祈盼，带领学生阅读了有关春节的传说以及十二生肖的故事，引导学生思考春节对于中国人的意义。

通过这些内容的补充，学生能深刻理解春节对于中国人来说其意义主要在于团圆、和谐和希望。总结如下：Chinese New Year is the most important of the traditional Chinese holidays. It is the time for family reunion, expressing the hope for the next year and the good wishes for the new life.

课程最后，指导学生利用所学到的知识以及各种信息渠道，以小组为单位，完成以春节为主题的调查报告并在班级中进行展示。

（三）积累谚语、格言，领悟先贤智慧

谚语、格言是人们反复推敲，提炼出的反映深刻道理，含有劝诫和教育意义的简单通俗语句，对人们的生活、学习、工作等都有一定的指导意义。郑子嘉老师一直坚持将一些名言警句进行收集、整理、分类，并在每周课后给学生教授 2~3 条，要求学生用笔记本记录积累起来，使学生们既拓展了知识，也了解了中外文化的异同，还能为口语、作文提供素材。

如有关学习的：Learning is like sailing against the current; if you don't advance, you will retreat（学如逆水行舟，不进则退）；There is no ending to learning（学无止境）.

有关时间的：Time is money（一寸光阴一寸金）；Now or never（机不可失，时不再来）.

有关意志的：Nothing is difficult to the man who will try（世上无难事，只怕有心人）；The longest journey begins with the first step（千里之行，始于足下）.

有关品德的：A close mouth catches no flies（病从口入，祸从口出）.

还引导学生比较中国谚语和英语谚语的异曲同工之妙。如多做无谓的事情，在中国是"画蛇添足"，在英语中就是"给百合花镀金"——"Don't gild the lily"，用来打比喻的事物不一样，道理却是相通的。

（四）诗文双语诵读，领略文字之美

郑子嘉老师为学生们搭建了一个用英语讲述中国故事、传递中国传统文化的平台，鼓励学生将英语学习与传承中国传统文化有机结合，提升跨文化沟通能力，通过中英文朗诵中国古典诗词，演绎中国传统文化的新情境。

著名翻译家许渊冲翻译了很多中国古诗词。他在译文中保留了中国诗词的风格，选用通俗易解的英语词汇，使读者轻松畅游于文字间，如唐朝诗人杜甫《春夜喜雨》：

Happy Rain on a Spring Night

Good rain knows its time right;

It will fall when comes spring.

With wind it steals in night;

Mute, it moistens each thing.

O'er wild lanes dark cloud spreads;

In boat a lantern looms.

Dawn sees saturated reds;

The town's heavy with blooms.

郑子嘉老师充分利用这一宝库，与语文学科进行融合，根据小学阶段所学古诗词内容，选择合适的诗词作品，在英语早读课上，与学生们一起感受传统文化之美，感受文化交融之美。学校开展的经典双语诵读比赛，学生们踊跃参与。学生们很好地领会了中华经典诗词的思想内容，他们的诵读感情充沛，富有韵味和表现力，并且通过服装、道具的运用烘托了诗歌想要表达的情感和意境。

六、"人文融合英语"教学模型的风格特色

（一）把握时机，大力弘扬传统文化

把握时机，大力弘扬传统文化，是郑子嘉老师"人文融合英语"教学模型的风格特色之一。如何把握时机？时机到了应如何做？文化渗透应该进行到何种程度？怎样才能收到预期的效果？这些都需要教师在教学中不断实践、总结。

比如，当课堂上遇到学生极少涉及的领域，郑子嘉老师会引导他们去发现、去了解。当有些课文内容涉及的传统文化较为浅显时，郑子嘉老师会把握时机，深挖内容及内涵，延伸补充一些与之相关、相近的知识。又比如，某篇课本简单介绍了春节的时间、重要活动和食品。在讲授过程中，郑子嘉老师会适时补充一些有关春节活动的单词、有关春节的传说和十二生肖的故事等，引导学生思考并理解春节背后团圆、和谐的深意。课后还指导学生利用所学知识以及各种信息渠道，以小组为单位完成以春节为主题的调查报告并在班级展示。

郑子嘉老师认为，英语科目课时少，时间短，教学内容多。渗透传统文化教育需要适时把握时机，随机而变；同时必须调整好课内学习以及课外拓展之间的关系，保证教学进度，提升教学质量。

（二）文化渗透，深度融合点滴教学

"人文融合英语"贯穿于整个课堂乃至课前、课后、课余，力图将人文教育融合英语课堂，将传统文化渗透日常教学。在日常课堂教学中有机融入传统文化教育，把这些内容穿插到日常的教学过程之中，让学生从点滴中接受熏陶，潜移默化，引导学生关注和了解传统文化，认识到它们就存在于自己的日常生活之中。

例，某年端午节前后，郑子嘉老师进行了一次以端午节为主题的研究性学习活动。

课题研究名称：The Dragon Boat Festival

解决的主要问题：能基本描述端午节的英文名称、特色活动以及特色食品；能了解端午节的时间、起源、传说以及风俗习惯；能根据自己选择的专题，设计出手抄报。

研究路径：让学生通过课堂上的共同学习，学会用英语写出端午节的英文名称、特色活动以及特色食品；通过阅读用英语简单描述人们在端午节所做的事情；选择感兴趣的专题，根据专题分成各个小组，通过上网搜索、长辈介绍、查阅图书等方式，收集有关端午节的资料；小组合作完成手抄报，展示本小组的学习成果。

总而言之，无论在课内课外，郑子嘉老师都会把握时机渗透有关传统文化的信息和内容。这样的授课方法对于学生来说既新奇又有趣。他们乐于去发掘更多更有趣的知识，在老师引导下提出相关主题，通过上网搜索、长辈介绍、查阅图书等方式，收集有关资料，制作出多姿多彩的作品。这些作品主题多样，如中国传统节日、传统风俗习惯、特色小吃、成语故事、神话传说、诗词欣赏等；任务类型各异，如小书、海报、手抄报、诵读音频或视频、童谣创作、故事新编等。

附："Great inventions"教学案例

教学内容分析

本单元是 Module 4 "Things we enjoy"中"Unit 10 Great inventions"，谈论伟大的发明。通过本单元的学习，学生能运用核心词汇和句型谈论与伟大发明相关的内容。

本单元涉及的"be going to"句型，对第 4、第 5 单元一般将来时的学习进行复习和巩固。本单元句型"People can _____."也是对情态动词的复习和巩固。除此之外，本单元的核心句型"I think _____ is a great invention. People can _____."是用于解释原因的表达，是对第二单元"Why _____? Because _____."的拓展和延伸。

本单元包括"Listen and say, Look and learn, Read a story, Listen and enjoy, Ask and answer, Do a survey, Culture corner"七个部分。"Listen and say"通过教师和学生的对话，展现世界上的各种发明及其应用场景。"Look and learn"通过图片展示了 watch、camera 两种影响人们生活的伟大发明。"Read a story"讲述了莱特兄弟发明世界上第一个飞行器的故事。"Listen and enjoy"是一首有关发明的儿歌，能调动学生的学习兴趣。"Ask and answer"展示了一些重大发明，操练"Is _____ a great invention?""Yes, it is. People can _____."的句型。"Do a survey"是一个综合语言运用的活动，需要学生调查同学的发明设想及理由，并填写表达。"Culture corner"是对中国古代四大发明的拓展介绍。

基于此，本单元在"Great inventions"的主题下，将分设三个层次的分话题展开学习，分别是：Great inventions we know，Great inventions change our lives，Be a little inventor。本单元的情节主线为参观博物馆，在此情境下对核心语言进行学习，实现本单元的学习目标。

本单元整体设计思路如下。

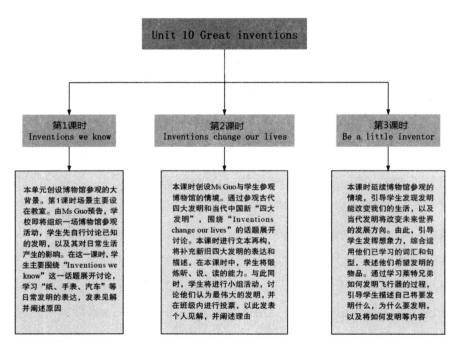

本单元整体设计思路示意图

单元教学安排如下。

课时	话题	学习模块	学习内容
第1课时	Inventions we know	◇Listen and say ◇Look and learn ◇Ask and answer	学习、运用核心词汇，并运用核心句型 "I think ＿＿ is a great invention. People can ＿＿." 来描述生活中常见的发明
第2课时	Inventions change our lives	◇Culture corner	运用核心词汇，并围绕新旧四大发明，拓展相关词汇。继续使用本单元核心句型 "I think is a great invention. People can ＿＿." 来阐述自己喜爱的发明
第3课时	Be a little inventor	◇Read a story ◇Do a survey ◇Listen and enjoy	复习巩固一般过去时和一般将来时的用法。培养学生创作能力，通过复习巩固表述顺序的连接词，以及 "be going to" 句型的用法，学生能总结阐述自己的观点，并就如何实现自己的发明展开描述，同时在此部分锻炼学生的写作能力

本教学案例为此单元第2课时，话题为 "Inventions change our lives"。主要内容延续课本中的 "listen and say"，基于 Culture corner 的内容再构文本。创设 Ms Guo 与学生参观博物馆的情境。通过参观博物馆的古代展览和现代展览的过程中，了解中国古代 "四大发明" 以及当代中国的 "四大发明"。学生综合运用目标语言，对各种发明进行阐述，并发表自己的观点。

学情分析

五年级下学期的学生对生活常识有一定的积累，对周边事物也充满了好奇心和想象力。同时，他们的自我意识逐渐觉醒，有着较为强烈的自我观点的表达欲望，而非一味地遵循常规。因此在课堂活动中，学生思维活跃，乐于表现并积极参加课堂活动。

对于本单元涉及的关于现代生活场景的词汇，学生已有一定的了解，例如 plane、train、car 等，但对于发明这个话题和有关古代发明的词汇，学生还较陌生。同时，学生对相关句型和语法已有一定的掌握，包括一般现在时和一般将来时，能够为本单元语言学习和语言输出起到铺垫作用。

学生对于自己熟悉的话题，如纸、汽车、手表、相机等功能有一定的了解，也对这些物品有一定的使用体验。因此对于这类话题，学生能在日常的情境交流中听懂对话、阅读语篇以及交流信息。同时，五年级学生的抽象思维也在不断形成和发展，需加强启发式教学，发展学生的综合思维能力和综合语言应用水平。

教学目标

1. 在语境中巩固对核心词汇的学习。

2. 在语境中能熟练运用句型"I think _____ is a great invention. People can _____."来介绍和评价发明。

3. 能够通过听录音、观看视频、阅读文本等形式，获取有效信息，并结合本单元所学核心词汇和句型加以运用，从而阐述自我观点。

4. 通过对中国古代"四大发明"以及当代中国的"四大发明"的了解，增强学生的民族自豪感和文化自信。

教学重点

1. 运用核心词汇，并适当拓展词汇和表达。

2. 运用核心句型"I think _____ is a great invention. People can _____."复习巩固一般过去时的表达。

教学难点

通过听录音、读文本、看视频的形式，介绍中国古代"四大发明"以及当代中国的"四大发明"，学生需从中获取有效信息，并结合所学单词和句型，发表自己的观点。

教学准备

教师：教学 PPT、视听材料、工作单。

教学流程

一、Leading: Daily English

教师向学生打招呼，并谈论当天的日期以及天气。

【设计意图】充分利用课前的预备时间，让学生迅速进入英语学习状态，把学生的注意力转移到课堂上，拓展学生的英语思维或语言知识滚动出现，为完成语言目标扫除障碍，导入目标。

二、Main tasks

1. Pre-task: warm-up & revision

(1) Teacher plays a video of Listen and say.

Students watch the video and review what they have learned from last period.

(2) Teacher presents a scenario of a classroom where Ms Guo and the children are talking about inventions.

Students repeat what the children have said by filling the blanks.

(3) Teacher presents a form for students to retell.

Students follow the form to retell the story. And they transit from the first person to the third person.

【设计意图】 复习旧知，活跃思维，引入新课。激活学生原有的语言知识储备，激发学生的思维，引发学生的思考。

2. While-task: practice

(1) Teacher sets up a scenario of Shenzhen Museum, and an exhibition of ancient inventions.

Students are led into the scenario of Shenzhen Museum and enter the exhibition of ancient inventions.

(2) Teacher shows the picture of the four great inventions of ancient China.

Students get to know the four great inventions of ancient China, and get to know how to read those words and expressions.

(3) Teacher plays a video clip about gunpowder and compass.

Students watch the video, then they complete the introduction of these two inventions.

(4) Teacher leads students to listen to and read the introduction of movable-type printing and papermaking.

Students listen and read the brochure. They answer several questions about these two inventions so as to strengthen their understanding of these two inventions.

Compass

A compass points _north and south_. It was invented by Chinese 2, 000 years ago. The ancient compass looked like ___a spoon___. The ___invention___ helps people tell the direction and find new lands.

> invention
> a spoon
> north and south

Gunpowder

Gunpowder changed the style of _wars_. The steel age (冷兵器时代) ended, because gunpowder is used in making ___weapons___. Now, gunpowder is also widely used in making ___fireworks___ and firecrackers.

> weapons
> wars
> fireworks

指南针和火药补充资料示例

Papermaking

Papermaking is a way of making paper and it was invented by the great inventor, Cai Lun. Paper is used in making light books. Before paper was invented, people could only use bamboo or silk to keep records. So it is convenient to keep records with paper.

Movable-type printing

Movable-type printing was invented by Bi Sheng. And it was invented around 1,000 years ago. It's an efficient (高效的) way to print books. With movable-type printing, people can print books quickly.

造纸术和活字印刷补充资料示例

(5) Teacher leads students to talk about why those four inventions are great inventions and how they change China.

Students talk about what a great invention is among the four ancient inventions and why.

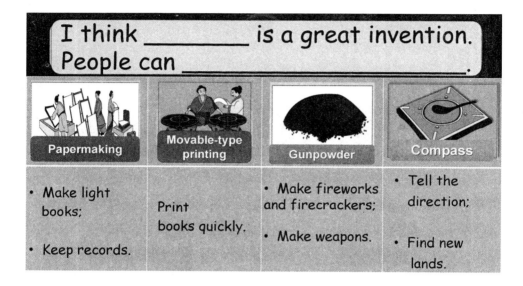

四大发明的影响示例

(6) Teacher shows a scenario of exhibition of modern inventions and plays a video about the four new great inventions of China.

Students watch a video about the modern inventions and get to know the four new great inventions of China: Alipay, high-speed railway, the shared bike, online shopping.

(7) Teacher lets students to think about what is a great invention in our lives.

【设计意图】对已经建立起初步印象，完成音、形、意等信息输入的新语言知识进行操练（drills）和实践性练习（practice），以达到进一步内化、吸收和深化理解的目的。运用多媒体课件创设 Ms Guo 和学生们一起参观深圳博物馆的情境，出示本课重点词汇和句型，使用视听材料，使学生能够通过听录音、观看视频、阅读文本等形式，获取有效信息，并结合本单元所学核心词汇和句型加以运用，从而阐述自我观点。

3. Post-task: extension

(1) Teacher leads students to work in groups and vote for a great invention.

Students work in groups to express their own ideas, and come to an agreement to decide on one great invention out of all the inventions.

(2) Teacher let students to present their voting results.

Group leader represents the group and vote for one great invention. And the group leaders say "We think _____ is a great invention. People can _____."

Inventions / Groups	Online shopping	High-speed railway	The shared bike	Alipay	The Computer game	Tik Tok	Other inventions
1							
2							
3							
4							
5							
6							
7							
8							
9							

We think _____ is a great invention.
People can _____.

投票表格示例

(3) Teacher summarizes this period and foreshadows for the next period.

【设计意图】激活学生的大脑，引导学生把原有的知识储备与今天的学习内容进行融合，让学生脑洞大开，顺着学习的主题产生奇思妙想，积极发言表达，积极展示。在小组讨论结束后，进行小组投票，让学生选出他们认为最伟大的发明。在创设情境、引入新课方面为学生创造了良好的氛围，帮助学生自然、准确地理解新课。为下一课时做好铺垫工作。

三、Homework

Students think about what they are going to invent, and do a research on how they are going to invent.

【设计意图】巩固和扩大学习成果。也为下一课时的学习做好预习和材料积累工作。

四、Blackboard-design

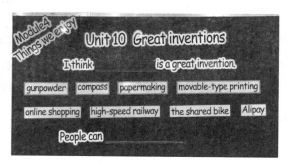

教学板书设计示例

【设计意图】凸显核心学习内容，展示教学轨迹，呈现学习内容的逻辑性。

［深圳市福田区荔园小学（荔园教育集团）通新岭校区　郑子嘉］

小学音乐教学实例

吴丽娜"灵犀律动"音乐教学模型

音乐教学在学校教育中是不可或缺的，它既能陶冶学生情操，又能丰富校园生活；既能提高审美能力，又能进行德育渗透。传统的音乐教育通常会将教学内容局限于一首歌曲、一支舞蹈，而教师在课堂上一般也只是让学生听一听、唱一唱。由于教学内容单调、教学手段单一，音乐课堂往往失去了本身的美感，难以起到对学生愉悦精神、陶冶情操的作用。

《义务教育音乐课程标准（2011年版）》明确指出，音乐教育的功能不仅限于学习知识与技能，更应着眼于培养学生的审美、创意、批判性思考、协作、自我反思等能力。因此，荔园小学的吴丽娜老师基于学生身心发展的特点和规律，通过课堂的诸多实践，探索出了一套符合学生学情的音乐课堂教学方法，总结出了"灵犀律动"音乐教学模型。"灵犀律动"音乐教学模型能有效解决学生（特别是低年级学生）过于活泼好动、注意力不集中等问题，还能给学生带来更多精彩的课堂体验，从而提升学生的审美情趣和审美能力，提高学生的音乐素养。

一、"灵犀律动"音乐教学模型的概念与目标

"灵犀"一词出自唐代诗人李商隐《无题》诗:"身无彩凤双飞翼,心有灵犀一点通。""灵犀律动"即能让学生在音乐的律动中打通感受与表达,又能成为音乐的鉴赏者与创造者,用心去感受音乐,遵从个人内心的感受,用最本真的律动形式去领悟音乐、表现音乐、创造音乐。

"灵犀律动"教学是在福田区"感创"音乐教学主张基础上发展成的一种新的特色音乐教学理念,强调通过不同方式的律动来感受音乐中的各种要素与情感,获得对音乐的直接经验和丰富的情感体验,从而让学生获得高品质的感性审美能力,具备合理到位的审美展示能力,形成有深度的审美创造能力。

"灵犀律动"重点在于学生对音乐要素的感受和理解,通过律动来培养、发展学生对音乐的感受力和表现力,而不在于律动的动作本身。因此,律动动作的姿态是否优美、集体动作是否整齐等并不重要。"灵犀律动"不强调姿态美,而强调学生展示情感能力的生成和发展。"灵犀律动"在一呼一吸之间,呵护学生内心深处的情感,释放学生感性生动的内心,促进学生全身心投入对音乐的理解和表达,这是乐动、身动、心动的身心合一,是课堂律动教学期望达到的教育境界。

二、"灵犀律动"音乐教学模型的理论依据

(一)"整全教育观"对艺术教育的需求

湖南师范大学教育哲学学者刘铁芳教授认为:"对生命与教育的反思是时代性的,即置身时代之中的教育研究者应该深入时代的背后,去深切地反思我们时代的教育理想和现实。"因此提出了追求"生命整全"的教育

○ 解码优质课堂:素养导向的学科教学模型群 ●

观，认为教育作为个体完整成人的活动，显然不只是关乎个体之理智与知识的简单获知，而且首先应该是关乎人自身，是人自身存在的完善。真正的教育首先应指向此时此地个体自身生命的充实与完满，指向真实个体的此时此刻的完满，而不是指向冰冷的知识，确切地说，是要将冰冷的知识融入个体的此时此刻之中，成为个体生动的身体感知与生活的一部分。

据此观念，刘铁芳教授提出教育需要"回到身体"，就是要回到个体在教育情境中的完整存在，激活身体对知识与世界的感受力，反过来促成知识向着身体、生命的回返，促成知识与人的融合。因此，教育实践活动需要尊重身体之存在，同时尊重身体对周遭事物的感受力，由此而保持身体在教育活动过程中积极的身心状态，同时保持身体在教育过程中的整体参与，使教育过程成为直接激活、提升个人身心基本活动状态的过程，从而使个体成长在自我积极展开的身体状态之中，也即让个体成长于自我积极的身心状态之中，让教育的过程充分尊重、激活个体初始性身体及心灵感受力，让个体人性基于个体身心充分展开而丰盈，并由此获得个体自我的内在超越与生成。

这些理念被刘铁芳教授总结为"基于个人生命整全的教育之路"。这种教育理念强调追求从身体开始，以培育健全、敏感和发达的个人感知力为基础，从个人健康的身体出发来认识周遭的人和物，这种教育是自由的，是自然教育的延伸，展示了一种充满生命活力和蓬勃气息的教育途径。毫无疑问，这种教育理念对体育和美育有很大的倚重——在培养个体感知力和审美能力方面，艺体学科有着不可替代的价值。

（二）后信息化时代对"创感教育"理念的要求

美国未来学家平克在《全新思维》一书中赋予了后信息化时代一个新的名称："Conceptual Age。"这个概念本义是强调人类正在走进一个认知方式"高概念化"的时代，中国台湾一学者将其译作"感性时代"，意在强调这个时代对创造力、感性力量的提倡与要求。上海师大著名教育学者黎加厚教授团队对此概念进行了创造性的翻译，提出"创感时代"的教育理念，强调在教育中体现"六感"：设计感，不只关注功能，还注重设计；故事感，不只关注证据，还注重故事；综合感，不只关注专业，还注重整合；共情感，不只关注逻辑，还注重共情；乐趣感，不只关注严肃，还注重学习的乐趣；意义感，不只关注事务，还注重意义。

显而易见，基于"创感时代"的教育理念，依然是一个高度关注艺体学科参与的行动体系，同时也是高度关注感知能力、融合能力的教育，要求教师更加注重引导学生的情感体验，重视学生对学习行为的自我感受与审美愉悦。

（三）"具身认知"理论的启发

20世纪70年代以来，当代哲学家、语言学家雷柯夫、约翰逊等提出了"具身认知"哲学理论，由此在西方掀起了关于"具身认知"理论研究的热潮。这项理论的核心观点是，人的认知发展过程是基于身体的体验以及身体与环境的相互作用，身体体验作用于心理感觉，身体在人的认知过程中起着至关重要的作用。"具身认知"这门学科已经证明了头脑的运作和身体的感觉之间有着不可分割的关系。通过身体来改善头脑，需要身体来表达情绪，简而言之，我们能在实践中学习。

早在100年前，意大利幼儿教育家蒙特梭利就提出，我们时代最大的错误之一，就是把运动视为脱离于其他高等功能的东西，心智发展必须和运动相联系，也必须依附于运动，通过观察孩子就会清晰地发现他们的头脑发育是通过运动形成的，头脑和运动是一心同体的。

在"具身认知"理论中，身体结构就是创造力的最前沿，也是创造力的核心，思考过程遍布全身，换句话说，表演者是用身体来思考的，静止不动会抑制我们的思维。当学生利用身体作为获取信息的工具时，他们就

　　　　○　解码优质课堂：素养导向的学科教学模型群　●

会学得更好。

基于"具身认知"观的音乐课堂教学，给学生充分的身体自由，在教学活动中充分发挥学生的主体性、创造性，在亲身感知、体验中去学习，去发现，如果让学生的身体掌握正确的姿势，就能更轻松地理解音乐。

（四）音乐教学的"感创"理念积淀

深圳市福田区荔园小学音乐教育的实践与研究有着深厚的积淀，其中，该区音乐教研员张定远老师提出了"感创"音乐教学的主张，具有广泛的影响力，也影响了"灵犀律动"音乐教学模式。

针对音乐教学中"感""创"融合不足，或因"感大于创"导致形式枯燥，缺乏实践；或因"创大于感"而理解浅薄，熏陶不深。"感创"音乐教学理念倡导将"创"融于音乐教学中各个"感"的环节。张定远老师认为"感"是指感知、情感，可引申为通感、触感，这是音乐审美的基本途径和重要目标。"创"是指创意、编创、创造，这是培养学生全面发展的核心目标。如果说"感"的作用是为进入审美世界打开大门，那么"创"就是为进入这个世界插上翅膀。因此，"感创"音乐教学强调创造活动应贯穿学生感知音乐的每一个环节，要求"感"与"创"彼此融合，"感"中有"创"，"创"中有"感"，"感"和"创"相互影响、互为补充，使得整个教学过程丰富多样。（摘自《中国音乐教育》2019 年 7 月总第 301 期《用"感创"音乐教学新主张推动音乐课堂变革》）

三、"灵犀律动"音乐基本教学模型

吴丽娜老师的"灵犀律动"音乐基本教学模型为"感知律动—合作律动—自主律动"。具体如图所示。

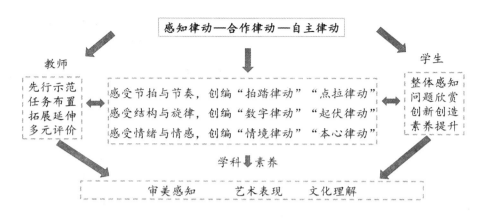

"灵犀律动"音乐教学模型基本环节

（一）感知律动

在律动教学初期，学生们没有足够的肢体语汇，这时最好的方式便是从感受音乐的节拍与节奏入手，开展律动教学。

吴丽娜老师在教学中会设计一些能够体现节拍感的律动活动，让学生获得整体感知的同时培养节奏感。教师先行示范，带着学生做简单的拍手律动，可以调皮有趣，也可由易到难，丰富学生的想象。待学生的律动兴趣被激发后，教师及时停止示范动作，并适时引导学生，学生跟随自己的内心感受创编"拍踏律动"，比如动手、动脑，走、踏、跳；或者创编"点拉律动"；即把听到的节奏用"点"的律动形式表现出来，可以自己点手心、点桌子，还可以点同学的手心、后背等；"拉"是借助道具完成的律动活动，可自己做也可两人一组做，重点是让学生感受音乐的节奏。

（二）合作律动

这一环节中，教师会通过学习任务的布置，引导学生带着问题来欣赏音乐，让师生一起随心聆听、自由感受；结合演唱的律动、表演的律动，在音乐欣赏中体验感知，并思考音乐涉及哪些要素，音乐内容是什么，音乐结构是怎样的等问题。让学生在音乐欣赏中获得相应的感受和体验，并在合作过程中突破个人自主表达的屏障，从感受向创造过渡。逐步引导学生启动个人创意，创编随心而动的"数字律动""起伏律动"。

"数字律动"即用身体写数字"1、2、3、4、5、6、7、8"的形式，让学生通过写数字的方式来感受音乐的乐句、结构，甚至是情感。

"起伏律动"即让学生感受音乐的旋律、线条，可根据音乐的音高变化设计律动起伏形式。

（三）自主律动

在该环节中，教师通过对音乐主题或体裁等进行拓展延伸——横向拓展和纵向拓展，引导学生在音乐中进行自主创新创造——"创情境""创演唱""创表现"；让学生感受音乐的情绪与情感，体会音乐背后的文化与内涵，创编释放天性的"情景律动""本心律动""合作律动"（空间律动、人体雕塑、角色扮演等）或"融合律动"（数字律动、情绪律动、旋律律动、张缩律动等相融合）。

"创情境"指教师播放与本课相关的音乐作品，让学生感受其中场景以及音乐的演唱特点。

"创演唱"指引导学生创编歌词，唱一唱属于自己的歌曲。

"创表现"指教师引导学生进行角色扮演，创编律动和场景。可以是生生合作，也可以是师生合作。

"情境律动"强调情境中面部表情、肢体动作的运用，它是面部表情和肢体动作和谐的统一。

"本心律动"强调学生对音乐的理解，在听到音乐的那一刻，学生遵从自己的本心随之律动，这是一种释放天性的表现。

"感知律动""合作律动""自主律动"等环节最终指向对学生的音乐学

科核心素养——审美感知、艺术表现、文化理解的提升。这三个环节结束之后，教师会对学生的表现进行多元评价，通过师生评价、生生评价、自评互评，帮助学生清楚地看到自己的长处和短处，以便日后扬长避短。在多元评价时，教师要肯定和表扬学生的创新意识和创新行为，激励学生再接再厉，敢于表现、敢于创新。

四、"灵犀律动"音乐教学模型的教学流程

音乐是一门艺术，是听觉艺术，是审美艺术，通过旋律、和声、速度、力度等"语言"来表达情感。音乐学科具有音乐性、审美性和过程性。吴丽娜老师"灵犀律动"音乐教学模型通过多种"律动"的形式，让学生先感后创，为学生营造自由放松的课堂环境，同时丰富学生的音乐感知与音乐体验，让学生真正地在音乐课堂中"动"起来。

"灵犀律动"音乐新授课教学环节

教学环节	学生参与	教学目标
感知律动	感节拍，感旋律 边模仿，边创编	在律动中感受节拍，感受乐句规律，熟悉歌曲旋律情境
合作律动	听中感，动中感 感中唱，唱中创	了解乐曲的结构规律与特点，通过自主学习与创编，以多种演唱与律动形式培养"感创"能力
自主律动	创演唱，创表现	自由发挥，张扬个性，培养创造能力、合作意识
多元评价	善总结，自激励	帮助学生了解自己的长短处，激励学生创新创造

（一）感知律动

教师创设情境、播放音乐作品，引导学生对音乐进行直接感受、整体

感知。让学生在音乐的律动中感受节拍、感受旋律，感受乐句规律，熟悉歌曲旋律情境。在教师的律动示范带领下，学生一边模仿教师的动作进行律动，一边自行创编律动动作进行展示。这个环节主要是为后面的学习做铺垫。

（二）合作律动

教师创设情境并设置合作任务，引导学生跟随教师或者与同学一起带着问题对音乐作品进行欣赏。

让学生在"听中动"——感音乐要素。

让学生在"读中动"——品内容与情感。

让学生在"唱中动"——加深音乐理解。

跟着音乐的节拍动，跟着音乐的节奏动，跟着音乐的旋律动，跟着音乐的情感动，在不同形式的律动中，理解音乐，表现音乐，享受音乐。

让学生在"创中动"——升华音乐表现。

此环节一环扣一环，在循序渐进的律动中感受音乐、理解音乐，通过与老师、同学的互动打破音乐表达的心理壁垒，融入感受与创作，真正能够将音乐的感受融入自我的表达。

（三）自主律动

创演唱：引导学生从音乐的旋律、节奏、速度、演唱形式等方面进行创编，唱一唱属于自己的曲子。

创表现：教师给予学生自由发挥的空间，便于学生张扬个性，培养他们的创造能力、合作意识。可以引导学生进行角色扮演、创编律动和场景，师生共同创演。

（四）多元评价

评价内容与方式多样化，关注整个学习过程。在"灵犀律动"教学评价中，以学生的个性和创新能力为评价重点，注重学生对音乐的感受与理解，注重情感表达与表现，注重个性彰显和发展，更注重评价的情境与开放性，为学生搭建个性化展示的舞台。

五、"灵犀律动"音乐教学模型的实践策略

（一）感受节拍与节奏，创编"拍踏律动""点、拉律动"

让学生感受音乐的节拍与节奏，创编独具特色的"拍踏律动""点、拉律动"。在律动教学初期，学生还未积累足够的肢体语汇，这时最好的律动方式便是从感受音乐的节拍与节奏入手。学生在聆听音乐的时候往往会用点头、拍手或跺脚来表现音乐的节奏和节拍，这是人对音乐的一种本能反应，也是音乐律动的本源和学生参与律动的基础。音乐教师要善于将这种简单的肢体动作与节奏感联系起来。

1．从"拍踏律动"入手

"拍踏律动"即在音乐强拍时拍手或踏脚，重点让学生感受音乐的节拍。"拍踏律动"从感受与模仿入手，设计一些能够体现节拍感的律动活动，培养学生的节奏感。例如，在聆听二拍子的音乐时，教师可先带着学生做简单的拍手律动，可在弱拍多做一些不同的动作，可以调皮有趣，也可由易到难，丰富学生的想象，让学生知道原来可以这样做律动。学生的律动兴趣被激发后，教师及时停止示范动作，让学生创编和教师不一样的二拍律动，在感受到教师示范的二拍律动后，再让学生自己进行创编，便降低了创编的难度。学生在掌握了拍手是强拍、变换的动作是弱拍之后，就会做出许多不一样的拍手律动，教师要及时给予学生积极的评价。同时，教师也可以变手为脚，在重拍时踏脚，待学生节拍稳定后，还可以踏步走起。在这样的学习中学生容易获得成功感，也会收获律动带来的

快乐。"拍踏律动"的方式有很多，可以动手，可以动脑，可以走，可以踏，可以跳，教师要善于引导、挖掘，让学生们创编出自己独特的"拍踏律动"。

2. 稳定节拍概念后，进入"点、拉律动"

"点、拉律动"中的"点"，是把听到的节奏用"点"的律动形式表现出来，可以自己点手心、点桌子，还可以点同学的手心、后背等；"拉"是借助道具完成的律动活动，可自己做也可两人一组做，重点是让学生感受音乐的节奏。最初进行的"点、拉律动"音乐不宜过长，节奏不宜太难。教学中，引导学生从模仿教师的"点、拉律动"开始，感受音乐中的节奏。"点、拉律动"相比"拍踏律动"会有一定的难度，教师可以让学生以合作的方式来完成。如：两个同学一组，互相把听到节奏拍在对方的手心上或后背上，进一步加深对音乐节奏的印象，也可以互相带动。在"点、拉律动"中同学间感受到对方的节奏错误可以及时进行纠正，这样的合作既可以提高学习效率，也会增进学生们之间的交流，进行律动中的情感沟通。"点、拉律动"的方式也有很多种，教师还可以借助道具，如丝巾、领带、弹力绳、响棒等，根据音乐的需要选择合适的教具，丰富"点、拉律动"的表现形式。

（二）感受结构与旋律，创编"数字律动""起伏律动"

让学生感受音乐的结构与旋律，创编随心而动的"数字律动""起伏律动"。

律动教学并不是"随意舞动""在音乐中跳舞"，也不是仅适用于启蒙教学的"幼儿音乐律动游戏"，而是通过身体动作来反映人的整个身心对音乐的理解，在"动"中感受音乐的速度、力度、旋律、音高、结构、情绪等要素，促进学生全面音乐素养的形成。在教学实践中，有些学生听到音乐后会不知所以地乱跳，也会有些学生因缺乏肢体语汇而不知如何进行肢体律动。为了让学生能通过律动对音乐中的基本要素予以相应的身体回应，可借助"数字律动""起伏律动"来进行肢体表达。

"数字律动"在课堂教学中特别受学生喜爱，他们通常会边用身体写数字边来划分歌曲的乐句，而且写数字的花样特别多。他们通常不会重复模仿教师，他们喜欢在教师动作的基础上进行变化，探索新的花样。如：教师单手写数字3，他们就会用双手；教师写数字8，他们就会转个圈来写8；有的还会用脚、头、腰来律动，同学的新创意会带动越来越多的学生尝试自己的新想法。"数字律动"是课堂律动教学的法宝，它能很快帮助学生建立起与音乐相呼应的身体动作语汇。

"起伏律动"可原地做，也可用空间移动的方式，躺、蹲、站、跳均可表达，也可与同学间合作或对抗，"起伏律动"是无法完全模仿老师的，每一次的律动也不可能完全重复，它是即时的、时刻变化的，具有创造性的，虽不注重形式美，但强调音乐的旋律线条，强调律动的内心情感表达。

（三）感受情绪与情感，创编"情境律动""本心律动"

让学生感受音乐的情绪与情感，创编释放天性的"情境律动""本心律动"。

引导学生先从音乐的基本要素出发，可让他们思考音乐力度是怎样的、速度是怎样的、音色是怎样的，进而引入"情境律动"。"情境律动"强调面部表情的运用，也包含身体表情，它是面部表情和肢体动作和谐的统一。如：怒的身体律动是有张力的，哀的身体律动内敛的。"情境律动"是把联想进一步深化发展的过程。

"律动教学"的初衷是鼓励学生找到自我，避免单纯的动作模仿。学生能从最自然的动作开始，扩展到能够表达有张力、表现力的动作，有内容、有情感的动作。"情境律动"是音乐情境的再现。如音乐中存在着不同的人物角色，可引导学生进行角色扮演式"情境律动"；音乐中有故事情节，可引导学生进行戏剧式"情境律动"。此律动还可以借助多媒体，充分调动学生的视觉与听觉，创设鲜活的音乐情境，让学生全身心地投入情境之中，体验音乐带来的审美感受，充分用律动表现音乐所表达的艺术境界。

那么，"本心律动"又是怎样一种律动形式呢？"本心律动"强调的是从本心出发，它是灵动的、变化的、释放的、有情感的、有呼吸的。它把律动者本身对音乐的理解放在第一位，在听到音乐的那一刻，律动者遵从自己的本心，情不自禁地按照自己对音乐的理解随之律动，是一种释放天性的律动表现。例如在随着管弦乐曲《水族馆》这一音乐进行律动时，学生们的"本心律动"呈现是千变万化的。有的变身鱼儿自由游动；有的是海草，原地扭动；有的表现出快乐、自由的状态；有的则忧郁、安静……他们对音乐的理解是不一样的，"本心律动"就是让学生依照内心对音乐的理解随心而动。

六、"灵犀律动"音乐教学模型的风格特色

（一）以"律动"形式，由"感"及"创"

在"灵犀律动"音乐教学过程中，时时处处充满着"动"。吴丽娜老师根据教学内容需要把它分为六个律动形式，分别是"拍踏律动""点、拉律动""数字律动""起伏律动""情境律动""本心律动"，力求将体态律动应用到教学中，构建循序渐进式的体态律动方法。经过以上律动的训练后，学生能够一听到音乐就会本能地做出反应。而这种反应是具有音乐性的，是与心灵相通的，是听觉、视觉、动觉、触觉多感官的融合，是内心情感的触动与迸发。学生在此过程中能寻找自我，获得快乐，能享受音乐，收获自信。

先感受后创造是"灵犀律动"的基本准则。通过"律动"的形式，让

学生先行感受，其次创造，为学生营造自由放松的课堂环境，丰富他们的感知与体验，让学生真正地在音乐课堂中动起来——这便是教师要打造的音乐新课堂。吴丽娜老师认为，不能把学生的身体和心灵禁锢太久，"灵犀律动"音乐适合当前学情，符合人的全面发展的要求，是未来的发展趋势。教师引领着学生，让学生能随时随地地表达音乐，想表达、敢表达、会表达；让学生能随心所欲地创造，想创造、敢创造、会创造——这就是吴丽娜老师"灵犀律动"音乐的教育初衷。

（二）以律动体验，提升音乐素养

吴丽娜老师的"灵犀律动"音乐教学模型，注重以律动的方式让学生体验和感悟音乐。

除了主要的"拍踏律动""点、拉律动""数字律动""起伏律动""表情律动""情境律动""本心律动"，吴丽娜老师在教学当中还会穿插"情绪律动""旋律律动""张缩律动""空间律动"等，让学生在律动中，将身心与音乐相融合，身临其境般品味音乐、感受文化，培养善良淳朴、自信乐观的美好品质，提升音乐学科素养，提升自己的审美感知、艺术表现和文化理解。

附：《捕鱼歌》教学案例

教学内容分析

《捕鱼歌》选自花城版小学音乐教材三年级上册第10课，是一首二拍子的台湾民谣，五声宫调式，一段体结构，由四个相同节奏的乐句组成，出现了多次的同音反复句。歌曲表现了台湾渔民面对风浪的勇敢和捕鱼的喜悦心情，对生活充满热爱的乐观主义精神。

学情分析

在歌唱教学中加入律动，会让学生对教学内容更充满兴趣，更能主动地参与到课堂活动中。本课内容具有捕鱼的情境感，学生很容易便能做出相应的情境律动，非常适合律动教学。

三年级的学生已经能用身体律动表现音乐的节拍与节奏，在他们有了律动的经验后，更加爱表现自己，大部分学生喜欢加入表演式的演唱，如果能完成一些具有挑战性的任务，会让他们更有自我成就感，会更大地激发他们的学习兴趣。

教学目标

　　1. 能用有弹性的声音演唱歌曲。

　　2. 能对歌曲进行简单的律动创编并进行情景表演。

　　3. 通过体验活动，培养学生勇敢、自信、乐观的品质。

教学重点

　　有感情地演唱歌曲。

教学难点

　　1. 歌曲第三乐句的演唱。

　　2. 歌唱情绪的把握。

教学准备

　　钢琴，卡片，中国鼓。

教学流程

一、感知律动

直接感受

1. 感节拍，模仿教师做一做"节拍律动"。

师：我们先来听一段音乐，模仿老师做一做，感受一下它的拍子。

2. 创"节拍律动"，学生带着做一做。

师：谁能和老师做不一样的动作，同时把强拍表现出来？

（学生 A 即兴创律动，带着同学做。）

3. 感旋律，模仿教师做一做"拍踏律动 + 起伏律动"。

师：再和老师做一做，发现我的动作有什么变化？

4. 创律动,自己创编做一做。

师:你们能在我拍手的地方换个动作吗?

(学生在同音反复处各自做不一样的律动。)

【设计意图】先让学生聆听《捕鱼歌》的伴奏音乐,让他们用身体律动把歌曲的强拍表现出来,待他们的节奏稳定后,再带着学生通过不同的律动方式感受歌曲旋律,在同音反复处让他们拍一拍、创一创,并唱编歌词"划着小船去捕鱼",巧妙地导入新课。从感节拍到感旋律,从创律动到创歌词,将学生们自然而然地带进歌曲的情境之中,去享受音乐带来的快乐。

二、合作律动

(一) 问题欣赏

1. 听中感

(1) 感内容

师:捕鱼的人们边捕鱼边唱歌,他们唱的是什么呢?现在我先让同学们聆听的是歌曲的第二段歌词。

【设计意图】因为第二段歌词比较简单,容易记,容易学,也很容易让学生找到歌唱的力量感。

(2) 感乐句

师:这句歌词一共唱了几遍呢?

(教师用数字舞的形式和孩子们一起数歌曲的乐句。)

(学生跟着教师一起做"数字律动"。)

【设计意图】相信这种带着问题的聆听更容易把他们带入歌曲的情境中,侧重在听中感。

2. 感中唱

(1) 变化力度唱

师:为什么渔民们要唱这种歌词呢?它有什么意思呢?

生 B：为了让渔民们更有精神。

师：说得多好啊，我们怎么才能把这种精神劲儿唱出来？

生 C：要有力量。

师：是不是每个字都要有力量？

生 D：在"嘿"和"嗯"的地方。

（全班变化力度，唱一唱。）

（2）动作辅助唱

师：渔民们捕鱼和划船的时候会不会有动作？他们会做什么动作？

（学生 B 做划船动作。）

（全班模仿，合作划船，做一做。）

（3）"自由律动"创编唱

（学生创编自己的划船律动，唱一唱。）

（4）"情绪律动"合作唱

（教师在乐句尾部加入衬词唱，将学生带入划船时统一力量的氛围之中。）

【设计意图】通过变化力度唱到动作辅助唱，再到创编划船动作唱，层层深入，帮助学生理解歌曲的情绪，引导他们主动参与到律动之中，并能够创编律动，发挥他们的想象，同时也使得演唱更加充满激情和乐趣。

（二）**感知融合**

1. 读中感

（1）个人朗诵歌词，感内容

（2）集体朗诵歌词，感情感

【设计意图】这首歌第一段的歌词特别有画面感，于是我让学生用个人诵和集体诵的不同形式，以比赛的方式朗读歌词，启发他们在诵读中感受渔民捕鱼的情景，感受渔民们不惧风浪的勇敢与乐观。

2. 感中唱

（1）感速度，慢速唱，原速唱

（2）感情感，背词唱，接龙唱

（3）感规律，体验同音反复的力量

师：为什么这三个音要一样？同音反复是什么意思？有人知道吗？

生 E：三个音一样，就是很大力，体现了"我不怕"的情感。

师：同音反复能够让音乐感觉更坚定，你们能不能把这种坚定唱出来，把这种"不怕"唱出来？

（学生试唱。）

师：加上点动作，效果更不一样。

（学生做"情绪律动"，找规律，唱出同音反复的力量感。）

【设计意图】此环节运用了多种演唱形式，在唱中感速度、感情感、感规律，启发他们在同音反复时进行情感把控，引导他们如何合作用身体律动来辅助自己的歌唱，为后面的唱中创做铺垫。

3. 唱中创

（1）创"情境律动"

师：这首歌曲多有画面感啊！谁能用动作把这些画面表现出来？

（学生创编律动。）

（教师选四名同学做"小老师"带着大家做一做。）

（学生台上台下共同演绎。）

（2）创演唱

师：我们还可以怎样唱？

生 F：领唱。

生 G：小组唱。

生 H：合作律动对唱。

【设计意图】当学生们进入歌曲情境后，创编律动便变得自然而然，渔民的勇敢，捕鱼的快乐将在他们的想象中得到创编展现，最后，教师还让动作特别有创意有表现力的同学来前面做"小老师"，带着大家一起做。此环节一环扣一环，学生在这样由易到难的活动中一步步地肯定自己，从中找到自信，同时也展示了学习成果。

三、自主律动

1. 创演唱

（1）创情境——欣赏视频《船工号子》《码头工人》等作品，感受劳动场景及"号子"的演唱特点

【设计意图】感受"号子"的演唱形式和特点，为自主律动和创编喝词做铺垫。

（2）创演唱——创编喝词，唱一唱属于自己的"渔民号子"

（教师在每个乐句结尾处加入衬词演唱。）

师：谁能像老师一样也唱出这种劳动的感觉？

（学生 I 创编喝词，唱劳动号子。）

（教师领唱。）

（众合唱。）

【设计意图】这是一个具有挑战性的编创演唱，点燃了学生的第一个兴奋点，他们觉得自己创编歌词很有意思，再一次激发了演唱的激情。

2. 创表现——角色扮演，创编"情境律动 + 本心律动"，师生共同创演"捕鱼音乐剧"

师：教室就是一片汪洋大海，我们现在就是一名捕鱼者，体验一下捕鱼者的海上生活。

（学生摆出各种船的造型，跟着音乐做出海、捕鱼、与风浪搏斗的律动。）

【设计意图】这样的情境表演给了学生们自由发挥的空间，张扬了他们

的个性，点燃了学生的表现欲望，更让他们感受到了渔民的勇敢与乐观，他们愿意用身体表现音乐，抒发情感，在律动中充分感受成功的喜悦。这节课在学生自信的歌声中、创意的表现中结束了，相信这歌声会深深打动每个学生的心弦，让他们收获学习的快乐。

［深圳市福田区荔园小学（荔园教育集团）百花校区　吴丽娜］

小学体育教学实例

王晶"问题发现式"体育教学模型

体育与健康是以身体练习为主要手段,以学习体育与健康知识、技能和方法为主要内容,以增进学生健康,培养学生终身体育意识和能力为主要目标的课程。

体育学科核心素养是"运动能力、健康行为、体育品德"。"运动能力"是体能、技战术能力和心理能力等在身体活动中的综合表现,是人类身体活动的基础。"健康行为"是增进身心健康和积极适应外部环境的综合表现,是改善健康状况并逐渐形成良好生活方式的关键。"体育品德"是指在体育运动中应当遵循的行为规范以及形成的价值追求和精神风貌,对维护社会规范、树立良好的社会风尚具有积极作用。

近年来,随着我国儿童群体中"小胖墩""小眼镜"的现象越来越多,肥胖、视力不良和体质水平较低成为我国中小学生面临的严峻问题。在《义务教育体育与课程标准(2011年版)》的基础上,国家中小学体育与健康课程标准研制组组长季浏教授经过多年的研究与探索,提出"中国健康教育课程模式",搭建了《义务教育体育与课程标准(2011年版)》与课堂教学实践之间的桥梁框架,实现了《义务教育体育与课程标准(2011年版)》中观层面的架构,并从运动负荷、体能练习和运动技能教学三个方面确定了体育与健康课堂教学中的关键问题：

1. 每一节体育课给予学生运动的时间应占一节课总时间的 75% 以上；

2. 不论是运动技能学习还是体能训练都要保证学生达到适宜的运动负荷；

3. 每一节课的运动技能学习时间保证在 20 分钟左右，体能练习时间 10 分钟左右，要创造对抗练习和比赛的情境。

荔园小学以培养"完整的人"为目标，实施多元教育，促进"多彩校园"的构建，让学生得到全面、和谐、自主发展，为学生的终身发展奠定基础。体育教学秉承"树人育人"宗旨，从培养学生的核心素养出发，在"中国健康教育课程模式"的指导下，帮助学生增强体能、磨炼意志、促进身心健康，使学生养成终身运动的习惯。

一、"问题发现式"教学模型的概念与目标

王晶老师的体育教学以"健康第一"为指导思想，基于《义务教育体育与课程标准（2011 年版)》和"中国健康体育课程模式"，在体育技能和知识学习中，以培养学生运动能力、健康行为和体育品德三大核心素养的形成和发展为主要目标。王晶的"问题发现式"体育教学模型以加德纳多元智能理论、皮亚杰的"认知图式"理论、布鲁纳认知－发现理论为依据，关注学生运动技能培养与体能锻炼，重视师生对动作技能或学习现象的能动观察，发现核心问题，运用合理策略解决问题，最终完成体育运动技能和理论知识的结构化学习。

在王晶老师的教学理念中，课堂上对问题情境的预设、核心问题的发现与解决着重关注以下三点。

1. "问题发现式"教学模型强调将教学内容划分成多个发现过程。教师在课前通过备学情、备体育场地、备体育器材，以及考虑气候变化等外界

因素，并根据教学活动的具体要求，把教学内容划分为多个发现过程，提前预设问题情境，为高效课堂做好充足准备。需要强调的是问题情境必须符合学生实际水平，找到学生的不同"最近发展区"，使每个不同层次的学生"跳一跳"都能达到目标，这样学生的探索和智力就会得到发展，学生就能获得符合教学目标的成效。

2."问题发现式"教学模型强调师生善于观察，确认核心问题。教师要在所有教学环节观察学习现象，及时发现问题，确定出现问题的关键因素，并在众多问题中发现核心问题。如教师观察学生在体能锻炼环节流汗以及面部表情、脸色等，确认学生的身体承受能力；在技能比赛环节观察学生的姿势以及战术的布局，了解学生对技能的熟练程度以及理解应用水平。在课中学生观察教师的示范动作，聆听讲解分析，对标、模仿教师的标准动作技能；教师观察学生的动作，发现问题，提出问题，及时纠正，帮助学生正确掌握动作技能。

3."问题发现式"教学模型强调问题解决的顺序性，策略使用的合理性。体育教学的重点是技能习得，技能练习过程的关键是正确姿势的练习，这样才能保证练习的有效性。体育中一个技能的习得需要反复练习，这就需要师生在练习过程中确认核心问题，优先采取合理的策略解决核心问题，及时调整、习练关键动作，反复正确练习进而习得技能。

二、"问题发现式"教学模型的理论依据

（一）多元智能理论

多元智能理论是 1983 年美国心理学家加德纳提出的，他认为智力不是以学生在学校环境中的表现为依据的，而是要看其解决现实生活中实际问题的能力，以及其在自然合理环境下的创造力。相对于传统的一元智力理

论，他认为智力不是一种能力而是一组能力，且智力不是以整合的方式存在而是以相互独立的方式存在的。构成智力的一组能力有语言能力、数理能力、空间能力、音乐能力、运动能力、社交能力、自知能力。

多元智能理论的本质思想是尊重不同个体及其不同智能的差异性，将多元智能理论引入到体育教学之中，为构建符合素质教育理念的新型体育教学观提供理论参考，以促进当前体育教学观念的转变。在体育新课程背景下，体育教师必须对学生进行充分的认识，尊重学生的人格差异，开发学生的潜力与特长，这样才能有效满足其个性和全面发展的需求。

体育教学以身体锻炼为主，与体育教学目标契合的是身体—运动智力，它指的是人身体的协调、平衡能力以及用身体表达思想、情感的能力和动手的能力。在体育教学过程中教师可以根据学生喜欢户外活动的心态，尽量让学生用肢体运用来学习，身心结合，使身体可以通过感官得以体现，如肢体游戏、速度跑、力量竞赛等，让学生在学习时借助身体感官思考。

从学生智力全面发展的角度，体育教学中还可以应用数学思维能力。启发学生通过推理进行思考学习，加深对体育知识的深入理解。例如在投实心球教学中，让学生思考在其他条件不变的情况下，什么角度投球会最远，思考什么会影响球的落地距离，从而针对学生的个人动作做出改进，提高成绩。在体育课堂中还可以培养学生的社交能力，如在比赛活动中，学生以小组为单位，同学之间相互合作、相互配合，互相帮助，赢得比赛。在体育教学中要着重强调团结合作意识，促进学生社交能力的提高。教师要将自然观察智能运用到体育教学中，鼓励学生自主探索、观察鉴别，通过表象运用来进行理解思考。这样不仅能调动课堂气氛，提高学生参与度，还有助于提高学生的观察能力，使其今后在社会实践中具有更强的生存和创造能力。

（二）皮亚杰"认知图式"理论

在皮亚杰的认知发展理论中，"图式"是一个最为核心的概念。所谓"图式"就是指动作的结构或组织，这些动作在同样或类似的环境中由于重复而引起迁移或概括。他把儿童最早认识结构概括为一种遗传性的认识"图式"，它由一些本能动作构成，如"吸吮图式""抓握图式"等。随着儿童的不断成长发展，这些低级的活动图式在适应环境过程中变得更丰富、更抽象，从而智力水平也由低级向高级迈进。

皮亚杰运用了生物学中的"同化"和"顺应"理论来解释"图式"的发展演变过程。"同化"就是把新的感知、动作或概念整合到主体已有的"图式"或行为模式之中，引起"图式"量的变化。"顺应"是指主体受到外界刺激时，而引起原有"图式"或结构体系的重新排列和调整，"顺应"可以引起"图式"质的变化，因而最具有革新意义。智力的适应就是通过"同化"和"顺应"两个过程共同作用，从而使得主体的认知结构与客体达到某种动态平衡。智力的发展则是在"同化"和"顺应"的基础上，主体认知结构为了达到与客体的平衡而不停地进行建构、重组、革新、创造，最终一步步构造起更高一层的认知结构体系的过程。

将皮亚杰的"认知图式"理论引入体育教学，就会发现体育教学中习得技能与"智力图式"形成有异曲同工之妙。日常体育教学中经历动作的分化、泛化、自动化，进而习得技能，这是一个量的积累与质的转化的过程。体育教学中的动作编排可以依据皮亚杰的"图式"认识理论进行。首先，在基础教学中要寻找那些最为基本的"本能图式"动作，加以反复多次的训练，从而为后期技术动作体系打下一个良好的基础。其次，运用"同化"理论，将一些相近的、相似的技术动作不断地融合到原有技术动作体系之中，使其机体的认知程度逐步提高，并做出相应的机体反应。最后，在机体与技术动作达到一种动态平衡的基础上，采用"顺应"理论，通过量的不断积累达到机体自身对新动作的主动性接受，从而创造一种全新的技术动作体系，这便是最为高难度的技术动作体系。通过前面"同化"的作用，身体机能达到"顺应"变化，完成最后的技术动作构建工作，创造出一种全新的技术动作体系。那么在此时，体育教学任务便顺利完成，同时受教育者的身体机能也达到一种同步自动化。

（三）布鲁纳认知－发现理论

布鲁纳的认知－发现理论认为，人类的学习就是学习者通过类目化的加工活动，自主地发现知识，积极主动地形成认知结构的过程。学生的活动是教学过程的核心，教师应创造条件激发学生产生发现知识的行为以促进学习。

布鲁纳认为学习应该是主动发现的过程，而不是消极被动地"接受"知识，因此他特别强调学习积极性的重要性。学习的目的不是单纯的机械记忆，而是学生通过发现未知知识的方式来促进主动探索，将头脑中原有的知识与问题相结合，产生认知冲突，然后通过积极的思维活动，将知识结构进行整理，从而获得新的意义，得出正确的结论。

发现法强调的是学生主动性的激励问题。当前体育教学过程中普遍出现的一个问题就是学生喜欢体育活动，但不喜欢体育课。这一问题的根本原因在于教学过程中学生被视为一个机械的、被动的客体，动作技术的传授演变为单向线式输出，最后致使学生因为主动性被剥夺而对所学内容有一种本能的抵触情绪。而发现法则努力调动学生的积极性，使其主动、积极、快乐地投入到学习过程中，自我发现，自我解决，最终将所学内容转变为学生内在的渴求和容易接受的东西。

发现法注重培养学生直觉思维。布鲁纳通过大量实验证明人类进行各种行为时运用最多的不是逻辑思维、分析思维等思维方式，而是直觉思维。直觉思维的形成并不是采用符号逻辑语言，而是一种图画性的、映象性的思维。这一点恰恰最适合体育技能动作的教学，因为体育教学具有更为直

○ 解码优质课堂：素养导向的学科教学模型群 ●

观的身体动作，相对于书面记载、依靠理性思维传授的其他学科知识来说，体育动作更具有图画性和映象性，也就是说，体育教学更需要直觉直观的思维模式。

体育教学课堂中采用发现法教学，强调教师的主导作用。因为学生对一些基本体育技能动作还不能够充分了解，如果放任学生自主探究技能动作，不但完不成相应的教学任务，而且还有可能出现其他不可控事件。发现法只是体育教学过程中的一种教学方法，而且发现法教学理论也不排斥其他各种教学方法，相反发现法教学理论中还需要充分运用多种教学方法激励学生去学习、去创造，从而从根本上掌握相应的技能动作。

三、"问题发现式"基本教学模型

王晶老师"问题发现式"教学模型大体呈现"创设情境""发现—解决问题""内化技能""归纳总结"四个环节，如下图所示。

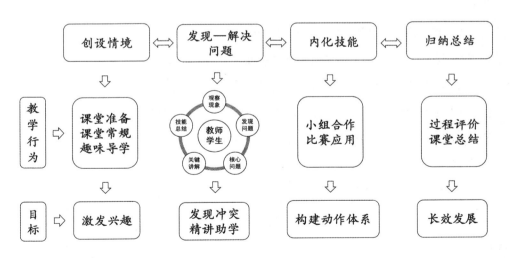

"问题发现式"教学模型基本环节

"创设情境"是准备环节。包括课前准备，教师备学情、备场地、备器材等，并从具体内容要求以及教学实践中，预设可能出现的问题情境。学生在教师精心准备的教学情境中积极参与课堂常规活动，通过趣味导入活动，激发学习兴趣，为课堂教学的顺利推进创设问题情境。

　　"发现—解决问题"是本模式最关键的环节。指师生在教学活动中能动地观察学习现象。教师通过站位巡游等方式全方位多层次观察课堂中学生的表现，发现问题，提出核心问题，激发学生的认知冲突，在这些过程中教师起主导作用，对关键技能进行精确示范与简洁清晰的讲解。学生通过观看模仿教师的示范动作以及观看同学的动作技能，发现问题，提出问题，在教师的协助下解决问题并总结提高技能。

　　"内化技能"是本模式不可或缺的环节。指根据组内同质、组间异质的原则对学生进行分组。组内成员根据个人专长，相互配合进行团队合作，各小组间进行技能比赛。学生在比赛过程中练习与应用动作技能，与"发现—解决问题"环节循环往复，直到学生习得技能，构建个人的动作技能体系。

　　"归纳总结"是很重要的一个环节。教师的过程性评价对于学生的发展至关重要。善于观察是有效评价的前提，体育教师要结合课程的特点，确定观察的重点，针对具体情况，实施指向明确的过程性评价。如在课堂中根据观察到的学生面部表情以及肢体动作，对学生进行有效的过程性评价。学生也要根据自己的表现进行自评，并且与小组同学进行互评，最后师生共同对本节课程进行小结。

　　这四个环节的目标是培养学生运动能力、健康行为和体育品德三大核心素养，树立"健康第一"的理念，从而激励学生主动性学习，喜欢体育活动，也爱上体育课程，快乐地投入到体育学习过程中去。"问题发现式"教学模型重视"观察能力"，强调师生在教学活动中发现问题、提出核心问题，并优先使用合理策略及时解决核心问题，为每个学生构建个人动作技能体系，并在实际中运用技能。

四、"问题发现式"教学模型的教学流程

根据《义务教育体育与健康课程标准（2011 年版）》，课程内容可分为三个水平、四个模块。三个水平分别是水平一（1~2 年级）、水平二（3~4 年级）、水平三（5~6 年级），四个模块即运动参与、运动技能、身体健康、心理健康与社会适应。具体内容包括：掌握体育与健康的基础知识、基本技能与方法；学会学习和锻炼，有体育与健康的实践和创新能力；体验运动的乐趣和成功，养成锻炼的习惯；培养良好的心理品质、合作与交往能力；树立健康的意识，形成健康的生活方式和积极乐观的人生态度。

在"问题发现式"教学模型里，体育教学流程比较固定，所以没有明确区分不同内容的教学流程，本文只构建了一个综合的教学流程。教学活动是教师、学生和场地设施三者结合的过程，在体育教学中应用"问题发现式"教学模型的流程包括以下三个阶段。

第一阶段是开始阶段，激发学生学习兴趣，唤起探究欲望。

体育教师是教学活动的主导者，在教学活动中需要担任设计者和组织者的角色，所以这一阶段主要是教师对教学内容与教学环境的设计。教师对教学目标进行分解，根据教学内容要求，设计合适的活动任务，针对教学环节预设问题情境，精心筹备场地设施，准备和制作适宜的教具。最重要的是活动内容与学生的安全问题，确保活动的安全性。基于以上课前准备，目标清晰地将学生带入适宜的教学环境，顺利进行常规教学，及时导入趣味新课，引发学生的学习兴趣。

"问题发现式"体育课堂教学流程

教学阶段	教学环节	教学目的	操作要点	教学效果
开始阶段	创设情境（7分钟）	通过趣味活动导入课堂，激发学生学习兴趣，唤起学习探究欲望	1. 课前准备 教师备课，预设问题情境 2. 教学常规 点名，队列队形练习 3. 趣味导入 结合新课内容进行趣味导入	学生积极、主动参与，让课堂充满乐趣
基本阶段	发现—解决问题(20分钟)	学生发现核心问题，引发认知冲突，通过学习模仿教师的动作示范，总结技能的核心要点	4. 观察现象—发现问题 师生观察学习现象，发现问题 5. 核心问题—关键讲解 教师引导学生提出核心问题，引发学生认知冲突，教师对关键技能进行精准示范和简洁清晰的讲解 6. 技能总结 学生通过发现问题、解决问题，总结技能的核心要点	学生主动参与课堂，积极参加体能训练，在教师的指导下，主动探究动作技能的核心要点
	内化技能（10分钟）	学生构建个人动作技能体系	7. 比赛应用 在比赛场景中练习、应用动作技能	在比赛活动中，学生活力满满，团结友爱，练习并应用技能
总结阶段	归纳总结（3分钟）	通过师生过程性评价，促进学生的长效发展	8. 教师评价 9. 学生自评与互评 10. 课堂小结	学生结合自身的感受和教师与同学的反馈，对下一节课充满期待

第二阶段是基本阶段，以学生为主体开展体能与技能结合的课堂活动。

基本阶段是学生有序、积极地参与教师设计的教学活动。主要是学生通过教师对动作技能的精讲示范，习得技能并进行体能训练。

"发现—解决问题"环节，师生在教学活动中发现问题，教师引导学生提出核心问题，教师做精准示范以及简洁精确的讲解，学生总结技能核心要点。

"内化技能"环节，学生以小组为单位进行比赛，在实际的活动场景中训练和应用技能。在本环节，小组合作非常重要，因此在学习过程中要培养学生的合作意识，让他们学会正确处理同学之间的关系，共同完成课堂任务。

以上两个环节循环往复，教师巡回指导发现问题，及时纠正，个别问题个别指导，集体问题集体纠正，直到学生习得技能，构建个人的动作技能体系。

第三阶段是总结阶段，以过程性评价为主的课堂小结。

过程性评价是评价的重要组成部分，是集体学习中学生获得行为动作最直观的反馈，同时教师的及时鼓励和表扬也能促进学生的自我成就感，增强学生的学习动力。在体育教学中应重点观察学生在体育学习时对运动技能的掌握及完成情况；观察学生对体育的学习态度；观察学生的情绪表现和人际交往。教师只有观察到位，评价才能有的放矢，产生积极效果，从而真正促进学生的全面进步。

教师的整体总结能提升学生的学习行为成就感、深化学生对体育技能方法的理解；另外教师对整堂课的评价作为结果性评价也能有效地帮助教师在科学分组、调整适宜的运动负荷以及课堂时间把控等方面积累经验。

五、"问题发现式"教学模型的风格特色

（一）精心预设与课堂资源生成深度融合

王晶老师的体育课堂强调课前的情境预设和课中资源生成的深度融合。"预设"是"生成"的基础，"生成"是"预设"的升华，课前没有高质量的预设，课堂上就不可能出现精彩的生成。所以需要不断预设，不断生成，

不断再预设，不断再生成，如此周而复始，螺旋上升。

"预设"是教师在没有开展教学活动之前对上课内容和可能发生的情况做预测，在实际课堂教学中按照预设实施教学计划的一种教学方式。但是在实施教学的过程中，会有很多教学因素和教学情境是根本无法提前预设和想象的，因此开发和利用课堂动态生成性教学资源是教师与学生、学生与学生、教师与情境、学生与情境之间相互作用，并根据主观判断而当场决策实施的必然过程。

与传统的根据教师的教学预设一步步实施的方法不同，王晶老师的"问题发现式"教学模型是根据一定的情境，伴随着教学活动的逐步展开，学生发现了课堂中出现的预设中与预设外的问题，自然会有新的学习需求，学生在这个过程中兴趣将不断提高，自身认知水平和心理体验也将不断加深。教师则是通过课堂的观察、选择和判断来确认课堂的核心问题，并将课堂上观察到的学生的兴趣、特征、活动方式、情感体验等转化为课程资源，及时调控教学环节、重组教学内容、转换教学方法。合理利用场地器材，鼓励学生自主学习，让学与教实现互动平衡，最大限度地放大体育课堂的教育教学功能，通过预设与生成深度融合，使学生身心健康，积极主动地参与到体育活动之中。

（二）重在课堂智慧生成，构建动作技能体系

王晶老师的"问题发现式"体育课堂模式重视课堂上学生智慧的生成，重视构建动作技能体系。

"问题发现式"体育教学模型改变了以往"教师讲，学生听"被动的教学方式，创造了学生主动参与、自主协作、探索新知识的氛围。该体育教学模型使教学过程问题情境化，学生在每一个问题情境的驱动下，主动参与课堂实践，真正实现了以健康为核心，以解决问题为主线，以活动为载体，以学生为中心的教学模型。学生有了"做"的机会，有了自主学习的

空间，有利于培养学生自主学习的能力，从而使学生形成有效的学习方式，促进学生课堂智慧的生成。

在王晶老师的"问题发现式"教学模型中，学生的体育课堂学习过程是学生根据已有的体育知识、技能、认知图式、动作图示和情感态度等认知结构，在教师所提供的能够激发其"好奇心"的问题情境中，将发现学习与接受学习互为补充、有机结合，在问题的解决中形成新的认知结构，并创造性地用于解决新的问题，形成螺旋上升式的认知结构构建和动作技能体系建设。

（三）激情与技术共进的课堂

在"问题发现式"课堂教学中，王晶老师强调教师在课堂中的激情，激情可以最大限度地调动学生的学习积极性，创造活跃欢快的课堂气氛。王晶老师在工作中投入的情感较多，教学中始终以自己的激情调动与感染学生，通过这种动之以情的方式，创造出其特有的课堂氛围，激发了学生的学习兴趣。王晶老师还特别强调体育教师的技能，教师身体素质好，技术水平较高，就会在课堂教学中通过利用自己的运动技术优势，达到吸引学生学习兴趣的目的。同时，这一教学风格还可以创造出一种师生共同学习的教学状态，拉近教师与学生之间的距离，从而创设出一种教与学的和谐氛围。

附:《技巧组合动作》教学案例

教学内容分析

本课教学内容为"水平三"技巧单元组合动作,即"前滚翻成蹲立—后倒成肩肘倒立—前倒成蹲立—挺身跳",是五年级技巧练习中的重要组成部分。"前滚翻成蹲立—后倒成肩肘倒立—前倒成蹲立—挺身跳"的练习,对于学生的力量、平衡、灵敏等素质有很大的促进作用,能增强学生上下肢的协调配合。

通过本课的学习可以进一步培养学生的进取心,激发学生勇于挑战的品质以及团队协作的意识。本教学内容共分为4课时,本课为第2课时,本课时的主要任务是学习"前滚翻成蹲立—后倒成肩肘倒立—前倒成蹲立—挺身跳"。

学情分析

五年级学生在以往的学习过程中已经接触过前滚翻、肩肘倒立、挺身跳的内容,但对动作的规范度掌握不够,动作的精细化程度有待提升,同时也不知道如何将三个技术动作进行有效衔接。已初识"水平三"的学生虽然已经具有一定的动手动脑的能力,但是他们科学合理地进行体育活动的能力有限，且容易受外界影响。

教师在教学中通过卡片闯关的方式将教学内容进行渗透，打破了枯燥反复的练习，激发了学生的学习兴趣。学生在心理特征方面大多好奇心强，想象力丰富，在学习中好奇、好新、好问，同时独特性突出，喜欢在集体中标新立异，在争辩中显示自己的能力，不喜欢机械的统一要求与墨守成规，因此在课堂中安排学生轮流体验对其他组同学进行评价，在互评的过程中，学会观察他人的技能动作，也能激励自己做得更加完美。

教学目标

1. 认知目标：通过本课教学，使同学们能够了解技巧组合动作的基本构成及动作完成要领。

2. 技能目标：能将前滚翻、肩肘倒立、挺身跳三个技术动作按照顺序连续完成，并保持动作规范和身体稳定。

3. 情感目标：培养学生坚韧、果断、协作、创新的品质。

教学重点

正确完成组合动作。

教学难点

动作流畅、身体稳定、节奏清晰。

教学准备

篮球场 1 块，垫子 53 张，音响 1 个，动作组合卡片 36 张，评价卡 16 张。

教学流程

1.难度递增，层层递进

本课教学首先复习组合动作中的三项单个动作：前滚翻、肩肘倒立、挺身跳（基础练习）；其次让学生参照不同的动作组合卡片来进行多种方式的两个动作的组合练习，使大家初步掌握组合动作的衔接技巧（提升练习）；然后再进行三个动作的组合练习（规定动作）；最后各小组进行三个动作的自由组合（拓展练习）。

2.分组学习，共同进步

本课教学关注学生个人以及小组互助的学练，培养学生的团队意识和集体荣誉感。本课主体教材学习由2人、4人分小组进行练习，教师引导学生进行练习，学生组内之间相互督促、相互纠错、相互学习，组与组内共同学习、共同进步。

3.多元评价，快乐学习

本课教学的全过程都融入了自评、互评、师评的多元评价，评价形式有语言评价、卡片评价等。互评从动作完成流畅度、身体稳定性和动作节奏三个维度展开，自评从身体感受、知识获得和同伴协作三个维度进行，最终通过不同身体重心的体态来呈现。这种多元化的评价方式提高了学生的学练兴趣，能帮助学生更有效地掌握动作技能，让本课形成一种快乐的学习氛围。

《技巧组合动作》教学流程

教材内容	技巧组合动作：前滚翻成蹲立—后倒成肩肘倒立—前倒成蹲立—挺身跳				
学习目标	1. 认知目标：通过本课教学，使学生能够了解技巧组合动作的基本构成及动作完成要领 2. 技能目标：能将前滚翻、肩肘倒立、挺身跳三个技术动作按照顺序连续完成，并保持动作规范和身体稳定 3. 情感目标：培养学生坚韧、果断、协作、创新的品质			场地器材	篮球场 1 块 垫子 53 张 音响 1 个
重点难点	重点：正确完成组合动作 难点：动作流畅、身体稳定、节奏清晰				
教学流程	复习三个技术动作→两个技术动作组合→三个规定技术动作组合→三个技术动作自由组合				

课的结构	时间	次数	学习内容	教师活动	学生活动	组织与队形
准备部分	7'	1 次	1. 课堂常规： ① 体委整队、师生问好 ②安排见习生，宣布教学目标、内容 ③安全提示	1. 师生问好 2. 教师宣布本课内容 安排见习生 3. 宣布课的内容与任务 讲解本节课场地安排及安全要求	1. 体育委员整队了解本节课的学习任务和目标 2. 了解本节课场地及器材 3. 明白安全要求	1. 组织：半圆队形 2. 组织：同心圆
		1 次 4×8	2. 热身运动： ①动物模仿操 ②专门性拉伸（颈部、肩部、腕部、腰部、膝部）	1. 教师带领学生一同完成 2. 教师通过口令及示范引导学生完成拉伸	1. 跟随音乐模仿老师动作完成模仿操 2. 跟随教师引导完成主要部位拉伸	
基本部分	8'	8 次 8 次 8 次	①前滚翻 ②肩肘倒立 ③挺身跳	1. 教师完成三个动作的示范 2. 讲解三个动作的要点 3. 讲解练习方式及分组方式 4. 给出练习时间	1. 观察教师示范并说出动作名称 2. 了解三个动作的技术要点 3. 两个一组完成三个动作的复习（一人练习，一人保护帮助）	1. 组织：同心圆

课的结构	时间	次数	学习内容	教师活动	学生活动	组织与队形
基本部分	10'	12次	2. 两个动作的组合： （1）利用动作卡片从前滚翻、肩肘倒立、挺身跳中随机抽取两项内容进行组合，通过蹲立进行衔接。	1. 教师讲解如何抽取组合内容 2. 教师示范两个内容的组合 3. 教师讲解组合动作的重难点 4. 教师讲解如何进行小组评分 5. 教师观察学生练习情况并予以指导纠错	1. 了解如何通过卡片抽取组合内容 2. 观察教师示范并掌握组合动作的重难点 3. 一人练习组合动作时，另一人保护帮助 4. 在各小组完成第2、第3个动作组合后，A、B组相互打分（1~3分）	2. 组织：同心圆
		2次	（2）小组间进行动作评分（通过观察组合动作的三个评分要素：①动作流畅；②身体稳定；③节奏清晰）			
	8'	6次	3. 三个动作的组合（规定动作）： 前滚翻成蹲立—后倒成肩肘倒立—前倒成蹲立—挺身跳	1. 教师示范三个动作的组合（规定动作） 2. 教师强调完成组合动作的要点 3. 教师进行集中纠错（1）蹲立动作不稳定；(2)动作节奏不清晰解决方法：(1)同伴帮助；(2)同伴语言提示	1. 了解三个组合动作的顺序 2. 明白完成组合动作的技术要点 3. 两人一组垫上练习，一人练习，一人观察与帮助 4. 针对易犯错误进行两人协作练习和语言提示	3. 组织：同心圆
	4'	2次	4. 三个动作的自由组合（拓展练习）： 各小组将三个动作自由组合完成一套组合动作，通过蹲立进行衔接	1. 教师讲解自由组合动作的要求 2. 教师进行安全提示 3. 教师观察各组组合动作完成情况并指导	1. 了解自由组合动作的技术和安全要求 2. 两人一组利用三个动作进行动作组合，通过蹲立进行衔接	4. 组织：同心圆

课的结构	时间	次数	学习内容	教师活动	学生活动	组织与队形
结束部分	3'	4×8 1次	1. 拉伸放松操 2. 学生自评 3. 小结本课 ①归纳评价 ②宣布下课	1. 教师与学生一起随音乐做放松操 2. 组织学生通过身体形态进行自评（①身体方面；②技能掌握方面；③同伴协作方面） 3. 教师总结、评价	1. 与教师同做静态拉伸操（要求动作柔和、舒展、身心放松 2. 通过不同的身体形态对自身情况做出评价 3. 快速集合	5. 组织：半圆队形 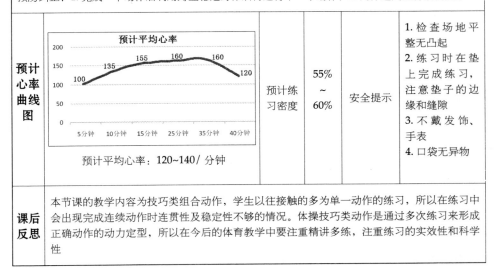

易犯错误：1. 动作与动作之间的衔接不好；2. 动作节奏乱

预防纠正：1. 完成一个动作后利用蹲立稳定身体后再进行下一个动作；2. 同伴之间进行语言提示

预计心率曲线图	预计平均心率 200 150 — 135 — 155 — 160 — 160 100 50 120 5分钟 10分钟 15分钟 25分钟 35分钟 40分钟 预计平均心率：120~140/分钟	预计练习密度	55%~60%	安全提示	1. 检查场地平整无凸起 2. 练习时在垫上完成练习，注意垫子的边缘和缝隙 3. 不戴发饰、手表 4. 口袋无异物

课后反思	本节课的教学内容为技巧类组合动作，学生以往接触的多为单一动作的练习，所以在练习中会出现完成连续动作时连贯性及稳定性不够的情况。体操技巧类动作是通过多次练习来形成正确动作的动力定型，所以在今后的体育教学中要注重精讲多练，注重练习的实效性和科学性

[深圳市福田区荔园小学（荔园教育集团）玮鹏校区　王晶]

小学美术教学实例

温雯"知觉美术"教学模型

美术以视觉形象承载和表达人的思想观念、情感态度和审美趣味，丰富人类的精神和物质世界，在人类文化中占据着重要的地位。美术教育则对培养学生的认知能力、思维能力和创造能力有着重要的作用。美术是学校进行美育的主要途径，是九年义务教育阶段全体学生必修的基础课程，在实施素质教育的过程中具有不可替代的作用。

视觉认知能力是人类学习美术（亦称"视觉艺术"）的生理基础。美术课程以对视觉形象的感知、理解和创造为特征。在小学美术教育中，对学生的知觉能力的培养是一项主要的任务。当前，我国基础美术教育正式走进核心素养时代。美术学科的五大核心素养包括"图像识读""美术表现""审美判断""创意实践""文化理解"，它们之间各具意义，但又有所交集。核心素养的提出顺应了时代的发展，也顺应了国际教育发展的潮流。

小学美术课程根据美术活动方式划分为"造型·表现""设计·应用""欣赏·评述""综合·探索"四个活动领域。四个领域各有侧重，又相互交融、紧密相关，形成一个具有开放性的美术课程结构。

荔园小学美术教师温雯的美术教学，着力于学生对视觉形象的感知、理解和创造，重视学生美术思维的训练，关注学生能力和素养的发展。

一、"知觉美术"教学模型的概念与目标

温雯老师的"知觉美术"美术教学模型以建构主义、审美心理学理论为依据，以培养学生的"艺术直觉、视觉思维、创新能力"为目标，以"观、知、感、创"为美术教学的基本环节，在充分尊重学生感知规律的基础上，采用合理而有效的教学策略，在不同美术课型中灵活应用，取得了很好的实践成效。

在温雯老师的教学理念中，"知"有两层含义。一是知觉感受，二是知晓其理；前者是直接的、感性的，后者是间接的、理性的。"知"在美术教学中的意义就是要让学生通过对艺术作品和其他事物的观看，能够形成敏锐的观察能力，从中获得更丰富、更细致的外界感知。"觉"是察觉、觉悟，是知觉的延伸，也是学生进行美术表现和创想实践的构思基础。

"知"与"觉"的联通，即学生与内涵丰富、形式多样的美术作品进行了联通，与具有多样的人类情感进行了沟通，也即学生与不同时代、不同区域的文明进行了对话。知识、技能、方法都融汇在这联通之中，学生自然而然地被熏陶着，在螺旋递进式的有趣的任务和问题中，充分汲取着养分，在教师提供足够开放的学习环境里，进行创意思考、自我创作。

二、"知觉美术"教学模型的理论依据

（一）"格式塔"心理学理论

"格式塔"学习理论是由德国心理学家韦特默、苛勒和考夫卡在研究似动现象的基础上创立的，该理论被认为是现代认知主义学习理论的先驱。他们认为思维是整体的、有意义的知觉，而不是联结起来的表象的简单集合；并主张学习是为了构成一种完形，是改变一个完形为另一完形。这

　　○　解码优质课堂：素养导向的学科教学模型群　●

种"完形"，正是格式塔（即"形"）的本意。格式塔所指的"形"，是经由知觉活动组织成的经验中的整体，任何"形"都是知觉进行积极组织或构建的结果或功能，而不是客体本身就有的。因此，他们认为学习的过程不是尝试错误的过程，而是顿悟的过程，即结合当前整个情境对问题的突然解决。

格式塔有两种基本特征，一是知觉整体性，具有从背景上清晰分离出来的独特性质，虽说都是由各种要素或成分组成，但它绝不等于构成它的所有成分之和；二是"变调性"，即"形"一旦作为知觉整体存在，在变换其大小、方向、位置、颜色等特征成分时，"形"依然存在（或不变）。知觉是对事物之整体结构特征的把握，是一种多样性交织的、有选择的、有抽象甚至有创造的构造活动。

（二）"审美直觉"心理学理论

感知，尤其是视知觉，具有思维的一切本领。这种本领不是指人们在观看外物时高级的理性作用参与到低级的感觉之中，而是说视知觉本身并非低级，它本身已经具备了思维功能，具备了认识能力和理解能力。所谓认识，无非是指积极地探索、选择和对本质的把握等，而这一切又都涉及对外物之形态的简化和组织（抽象、分析、综合、补足、纠正、比较、结合、分离以及在背景中突出某物）。而认出某物是某物，实际上就等于一个问题的解决。这一切都是在视知觉中发生的。人们看到一种形象（不管是知觉形象，还是内心意象），就有了抽象活动；而每当人们思考一个问题时，都有某种具体形象作为出发点或基础。任何思维，尤其是创造性思维，都是通过意象进行的，只不过这种意象不是普通人所说的意象，而是通过知觉的选择作用生成的意象。

绘画是一种特殊的思维活动，一种把感性形象和一般普遍性的概念融合在一个统一的认识性陈述中的理性活动。绘画诉诸知觉，而知觉本身又是一种思维，知觉包含了对物体的某些普遍性特征的捕捉，而一般人认为的思维如果要真正解决点什么问题，又必须基于我们生活的世界的种种意象。在知觉中包含的思维成分和在思维活动中包含的感性成分之间是互补的。正因为这样，才使人类认识活动成为一个统一连续的活动。把思维和感觉统一起来的桥梁和媒介，就是意象。从这样一种知觉探索中显现的世界并不是直接产生的，它的某些方面顷刻间就被构造出来，而另一些方面则需慢慢呈示，但不管是快速形成的部分还是慢慢显示的部分，都要经过不断证实，重新估计、修改、补充、纠正而加深理解。

三、"知觉美术"基本教学模型

温雯老师"知觉美术"教学模型大体分为"观、知、感、创"四个环节。"观"是初见，学生从多个角度去观看、观察，通过"读"看出知觉对象中呈现的直观内容和元素。"知"是"观"的延伸，一层是在知觉对象上的延伸，是从视觉到脑海，开始理解分析知觉对象，理解作品中的表现技巧和手法；另一层是超越知觉对象的延伸，是从外观到内思，由感性认识到理性分析，发现知觉对象蕴含的内在本质。"感"是"知"的深入，是在知的基础上，对知觉对象融入个人的情感，深入理解其中的情感和价值；在充分进行"观"与"知"后，进入个体的审美判断，形成完整认知。"创"是创意和创作，是在通过知觉思维充分理解事物的基础上，选取适合知觉表现的艺术语言，用艺术语言创造出有意味的视觉形象。

这四个环节的目标是培养学生的艺术直觉、审美判断，引导学生进入文化理解与创意实践。"知觉美术"教学模型重视"直觉学习"，强调给学生充分"感知与察觉"的时间、空间，引导学生充分释放"五感"体验，以视觉训练为中心，培养学生的观察力、想象力、表现力和创造力。

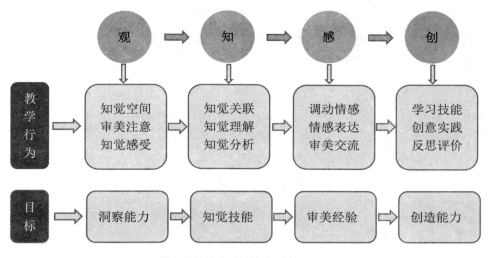

"知觉美术"教学模型基本环节

四、"知觉美术"教学模型的教学流程

美术课因为教学内容的多样性,根据课程内容可划分为"造型·表现""设计·应用""欣赏·评述""综合·探索"四个学习领域。根据美术学习活动方式的不同主要有三类课型,分别是绘画课、手工课、欣赏课。在"知觉美术"教学模型的教学流程中,将绘画类课程和手工类课程合并称为"创作类课型"。"创作类课型"与"欣赏类课型"可分别建立有所差别的教学流程。

1.创作类课型

"知觉美术"教学模型下的创作课的教学以知觉体验切入,从感性理解到理性表达,充分展现了知觉的整体性、理解性与恒常性。首先,知觉的对象是由不同的部分、不同的属性组成的,人们分别或者先后认识到它们,进而获得整体上的认识,这是知觉的整体性。其次,人在感知当前事物时,总是借助于以往的知识经验来理解它们，并用词把它们标志出来，但知觉信息不足时，如果有人在已有的认知言语和经验与知觉对象的属性和特征之间架起一座"学习支架"，会很好地促进对认知对象的理解。人们在仔细观察事物时实际上装载着"概念"和"理论"，这些知识可以改变我们看到的东西。最后，当获得客观事物相对稳定的结构与特征的认识后（即恒常性认识），对恒常的知觉对象展开"变调"与组合，创意与创新便发生了。

"知觉美术"创作类课型教学流程

教学环节	教学手段	学生参与	教学目的	知觉方式	教学效果
观	情境营造	直观感受	以情境和问题引导学生感知视觉对象的形式与色彩，把握对象的整体式样。激发和引导学生自然的审美愉悦能力。在观看中组织和解释眼前审美对象的各种要素和成分	通过视知觉，对整体与局部进行形象与抽象的认识，进行部分与部分之间的内在联系的感知。注意力集中于眼前对象，进行完满和充分的知觉	学生学会整体感知和观察表现对象，学会从整体到局部的感知。将对象的各种特征和性质按各自的强度显现于眼前
知	学习支架	分析判断	在感知基础上建立对"形"的正确判断，分析"形"的主要特征以及由此形成的审美心理效果	借助以往经验知觉对象的属性与特征，形成对本质的直接知觉，从感性和理性的角度认识表现对象	学生通过对象复杂而统一的"形"认识事物本质，并表达出分析结果
感	多维激发	经验表达	在已有认知的基础上，对视觉对象融入个人的情感，形成个人的审美判断，并通过美术的语言来描述赋予视觉对象的情感	把知觉中包含的思维成分和思维活动中包含的感性成分统一起来，并通过行动表达自我的理解	学生通过分步练习加深对视觉对象情感倾向的感知，在螺旋上升的认知中加入对知觉对象情感上的表达

教学环节	教学手段	学生参与	教学目的	知觉方式	教学效果
创	启发引导	个性表达	在通过知觉思维充分理解事物的基础上，选取适合知觉表现的艺术语言，创作出有独特意象的美术作品	经过艺术表现媒介本身的特征与知觉概念相互作用，将思维和感觉统一起来	学生通过艺术创作增加感知能力和知觉习惯，从而获得更好的创造性思维能力

知觉本身是一种思维，包含了对物体的某些普遍性特征的捕捉，其中的思维成分和在思维活动中包含的感性成分之间是互补的。正因为这样，才使人类认识活动成为一个统一连续的活动。美术创作作为一种特殊的思维活动，诉诸知觉，是把感性形象和一般普遍性的概念融合在一个统一的认识性陈述中的理性活动。一般人认为，思维如果要真正解决点什么问题，必须基于我们生活的世界的种种意象。把思维和感觉统一起来的桥梁和媒介，就是意象。

温雯老师"知觉美术"教学中创作类课型的教学基础，就是通过在教学中充分为学生提供知觉的环境，采取措施把学生的注意力引到某一特殊方向或特殊性质上，充分利用好视知觉中思维成分，创作出思维与感觉统一的视觉意象。在审美观看中，注意的焦点会放在物体的各种知觉特征以及它们在整体机构或布局中的相互关系。在教学过程中，注意开拓学生的天然审美倾向和乐于用事物的感性性质或戏剧性质表达自己的倾向，注重培养学生对生活和事物的直观感知，强调设计与生活经验相关的问题与任务，给出必要的语言提示和思维的帮助，帮助学生一点点地建立起知觉理解，获得对事物整体的知觉。

知觉的选择性主要是指同一时刻人们对知觉对象的某些特征特别清楚，对另一些特征则处于模糊状态，而某些条件的改变，可以帮助整体知觉的发生。这些可变化的条件包括营造在空间上接近、连续，形状上相似的刺激，或将对静止的知觉对象的认知转化成运动的，或将知觉对象代入人的需要、愿望、任务以及紧密联系到人们以往的经验之中。教师在教学设计时，将"知觉"放入"行动"的网络中，并且不停留在事物的某一特征或属性上，把任务落在一个个具体的行动上，学生的"经验的边界"在完成任务的过程中得到延伸，最后得到新事物整体的重构组合，知觉与经历都被更新。

美术创作课程是思维认知活动主导行为践行的综合性学习过程，它将学习从脑海中的思维过程进一步呈现在复杂的世界中表达出来。学生通过视知觉对知觉对象的感知，从对视觉对象的感觉到对其进行理性分析，形成认识与理解。这种认识包括积极地探索、选择和对本质的把握等，而这一切过程都涉及着对外物之形态的简化和组织（抽象、分析、综合、补足、纠正、比较、结合、分离以及在背景中突出某物）。学生认出某物是某物，实际上就等于一个问题的解决，它首先是在视知觉中发生的，在脑海中完成了认知，又在创作实践中表达出了对知觉对象的理解程度。

2. 欣赏类课型

欣赏课教学模型的最大特点是以问题切入为导向，帮助学生在美术作品中从表层观察、理性分析到感性感受，甚至是多个角度联动通感，展现出了知觉的整体性、恒常性与理解性。美术作品由不同的部分、不同的属性构成，人们对知觉对象的认识往往高于这些部分与属性，是对美术作品有机结合在一起的整体认识。知觉恒常性的基础是人们获得了对客观事物相对稳定的结构与特征的认知，表现为知觉的对象在一定范围内变化了的时候，知觉的映象仍然保持相对不变。世界上的事物千变万化，形式多样，但不同时期、不同空间的事物具有不同的特征属性，欣赏课的目的正是建立对不同类事物的认识、欣赏与理解的恒常性，掌握美术世界中的知觉恒常性，熟悉这个世界里相对稳定的结构与特征，使人们的知觉靠近事物的本质属性。在美术作品欣赏过程中，知觉主体要能对创作者表现出的稳定结构与属性进行的创意变换深刻理解，从而能更好地欣赏其中传达的复杂情感。

审美经验一般要经历一个从发生到展开，再到结束的过程。艺术欣赏一开始要将一系列无关紧要的考虑隔离出去，创造一种富有意义的环境，使其内在价值为素材提供直接的审美经验。把注意力放到呈现于眼前的现象及其性质，包括对通常所说的形式和质料、素材和组织、局部性质和整体性质、表面和深层关系的知觉。艺术欣赏课中的批评活动分为"探索式审美批评"和"评价式审美批评"。"探索式审美批评"是通过描述、分析、特征识别和解释等方式发现艺术品中究竟哪些东西使之成为艺术，哪些值得欣赏、观照、思考和赞美。"评价式审美批评"则有着更强烈的批评色彩，必须向任何其他判断意义提出判断和评价的理由。对作品的描述分为解释性描述和评价性描述。这种评价性描述是经历了一系列中间评价的积累之后的结果。只有在描述中坚定不移地尊重和忠实于作品的知觉形式，其评价才能可靠、客观并为教育所接受。

人们看到任何形式的作品的形象，多种感官接收到的视觉的、听觉的、触觉的感受，汇聚在知觉中心，建构了一种知觉形象，或是内心意象，与此同时，会有思维的抽象活动去分析知觉对象的结构、特征，包括背景（时间上的或空间上的）；而每当人们思考一个问题时，都有某种具体形象作为出发点或基础。

"知觉美术"欣赏类课型教学流程

教学环节	教学手段	学生参与	教学目的	知觉方式	教学效果
观	情境任务	境中观看	从作品的视知觉方面提出问题，引导学生感知作品，从表观上读出作品的内容，让学生将注意力集中到眼前作品呈现出的现象及其性质	在对作品感知的过程中，体现出对通常所说的形式和质料、素材和组织、局部性质和整体性质、表面和深层关系的知觉	通过视知觉，学生能对作品的整体进行有机组合认识，也能对其结构的强弱成分进行区分感知，进行局部之间的区分
知	问题驱动	表达感受	在对美术作品进行感觉与分析的基础上，融合知觉主体的生活经验，进行作品分析与表达，对作品建立合理的解释，激励学生对作品做进一步的、仔细的探索	不断补充与美术作品相关的经验，做出理性的分析，加深对"所观之物"的认识	学生通过思考教师提出的问题，总结归纳原有经验，进行更复杂的"完形"认知，做到能解释和描述艺术品的含义、特征和性质
感	调动情感	融情体悟	在综合分析作品的各种元素后，挖掘并用美术语言表达作品传达的情感。让学生对作品进行欣赏、观照、思考和赞美	在作品欣赏过程中将理性成分综合到感知所接收和补足的视觉的或意象的刺激中	学生能综合运用理性分析与感性知觉进行情感的表达。在融入情感后体悟作品内在表达的意境
创	任务设置	分步练习	对作品各种要素和成分之间相互关联和发生联系的方式与形式进行分析，描述、分析和解释作品中有用信息	在知觉活动中，融入概念、判断、逻辑、抽象等理性思维，创造性地感知和理解作品	学生在作品中知觉作品的审美性质，提高对艺术品的感知、理解和批评能力

温雯老师在欣赏课教学中主张发展学生对艺术世界的基本感觉，善于开拓学生的天然审美倾向，乐于让学生用对事物的感性认知表达自己的倾向。在教学中她还注重挖掘学生对生活和事物的直观感受，引导学生注意自然与生活中的色彩、线条、形状、细节，以及人和动物的动作等。通过这样的方式去激发和引导学生这种童真的审美能力，同时将这种审美能力移植到艺术作品的欣赏中。将艺术欣赏与对生活的知觉建立联系，一方面能让学生注意到周围有很多值得看和值得听的东西，从而不自觉地学到了艺术最基本的概念；另一方面也能让学生更好地理解艺术作品所表现的内容。

在欣赏课教学中，如何通过欣赏和理解艺术作品加强对学生知觉能力的培养，是欣赏课教学的主要任务。在教学过程中，温雯老师尽量加大学生的知觉任务，逐渐向他们呈现更多和更复杂的艺术品，要他们对其进行描述、分析和解释，让学生更详尽地把握艺术品中那些值得欣赏和值得对其做出情感反应的东西。同时，还注意引导学生将对事物的自然本能式把握，变成对艺术品中各种要素和成分之间相互关联和发生联系的方式进行分析。对于某些形式关系导致的表现性质，也通过学生能够理解的具体例证，予以指明，使学生对某幅作品的分析和描述逐渐深入。

在美术欣赏中不断提高知觉技能，能使学生对艺术有一个基本的艺术概念，让他们在遇到其他艺术品时知道如何去理解和解释。在低年段美术欣赏课上使用的关键词是"呈示""熟悉""探索"，在高年段美术欣赏课上使用的关键词便是"艺术品""形式""结构""表现特征"。低年段强调"直接感受作品自身"的知觉为主，高年段则应使"积极发现"和"积极参与"成为学生在这一时期学习行为的主要特征。

五、"知觉美术"教学模型的实践策略

温雯老师在"知觉美术"教学模型的教学实践中，总结出了一系列有效的课堂教学策略，使知觉美术的教学理念能在课堂顺利实施，以达成美术教学的目标。

1. "小步走"的感知训练

温雯老师采用"小步走"的教学方式，将复杂的学习任务进行分解，通过创设情境、问题引导、自主练习、学生互学等方法，不断为学生搭建一个个适宜的学习支架，引导学生不断构建知识，不断形成新的能力，将学生对美术学习的理解从直观感知逐步引向深入。同时在教学过程中强调感知，引导学生充分释放"五感"体验，训练艺术直觉，以此为基础培养学生的形象思维能力和表现能力。

温雯老师根据教学内容，营造适当情境，使学生在情境中充分感知与表达交流；在个体充分感知的基础上，进入概念分析、判断与理解；再以精巧的小练习，通过"自主尝试—分享交流—优化方法"循环过程，使学生掌握美术技能与方法，最后完成个人作品，并进行展示与评价。在具体的教学过程中，教师会通过简单的小练习，进入循环的启发式学习。学生是主体，教师是主导，教师通过故事、视频等引导学生表达出其中的美术知识、技巧和表现方法，同时鼓励学生进行自我创意表达，经过学生表达和融合，互相分享和启发式学习后，优化前面的小练习。教师引导同学之间分享学习的技巧、创意的发现，互相学习总结，之后再优化前面的小练习，一小步一小步地完成对整个作品的学习与练习。

2. 螺旋式的自主探究

温雯老师在教学中常常会安排学生让他们自主尝试。在自主探究的过程中，"发现问题—找到方法—同学互相教—应用解决"的过程是螺旋叠加式的，包含了重复上升的"练习—学习—优化练习"。温雯老师强调自主与

　　　○　解码优质课堂：素养导向的学科教学模型群　●

探究的学习方式，以"整体—局部—新的整体"的学习路径，发展学生的创意思维，培养学生的创新能力。具体操作时，教师首先将学生感知到的问题汇聚，从一个点开始，引导学生进行探究，在一个具有师生互动、生生互动的环境中，不断抛出知觉的新问题，促使学生在探究学习的过程中发展创想与实践的能力。

3. 有层次的问题设计

温雯老师对问题教学法的精巧运用，体现在善于发现美术作品与学生兴趣的契合点，由此设计出新颖的、有层次的、有内涵的问题。并以此为导向，为学生提供"观察—思考—发现—联想—评述"的空间，在"欣赏—聆听—交流—表达"的过程中，实现学生个体与作品对话。学生从直观读图、分析解释，进而获得理解共情。

温雯老师在美术作品欣赏的教学中，常常选择从问题切入，设计有层次、有梯度的问题。首先，引导学生"会看作品"——说出作品画了什么（读图与描述）；其次，引导学生"看懂作品"——说出作品好在哪里，为什么（分析与解释）；最后，引导学生"理解作品"——体验作品传达的情感，发表个人的评述（共情与评价）。看似只有三个层次，但在每一层大问题之下，都有环环相扣、不断递进的小问题，以深度和广度兼具的问题贯穿整个欣赏与评述活动。看似只有三个层次，但每一个层次都考验着教师的备课功力与教学手段的灵活性。教师在设计每一层问题的分问题时，要对课程进行深度解读，充分了解作品的创作背景，将欣赏课的目标进行分解，对作品抽提出相关的美术知识方法，结合学生的学情与兴趣，设计出适宜学生的由浅入深的问题，帮助学生掌握多维的欣赏方法。还要对课堂的分组讨论进行设计，搭建学生充分提问、小组讨论、与小组汇报的时间和平台。

六、"知觉美术"教学模型的风格特色

1. 以学生为中心，以学科素养为导向

温雯老师在美术课堂上注重培养学生的美术核心素养，教学设计的各个方面都是以学生为主体，关注学生的学情、兴趣、参与、体验、表达、创意、实践，在课堂上围绕学生展开，进行适宜的引导和点拨。教学过程中重视过程性评价，而非结果性评价。温雯老师的美术课堂并不组织一种高度系统化的学习步骤，不是所有的学生都需要在同一时期内按照同样的步骤学习。她善于发现学生的亮点，对不同的学生有不同的要求，会对学生进行启发式的教学，引导学生换角度思考，并给予鼓励与指引。在其他教学细节上，也常常变换角度看到学生的个性化表现，鼓励其自由创作，保护与发展学生的想象力与创造性思维。

温雯老师的"知觉美术"课堂，关注学生的学习需求，根据学生的经验、意向、需要、情感、兴趣，灵活地选择教学内容，设计不同的教学方法。此外还特别尊重学生的美术直觉，以个体直觉为出发点，以视觉训练为中心，帮助学生个体的认知发展。在教学中，温雯老师善于将美术知识与技能置入一个个问题情境。在问题情境中，学生通过个体自主与探究学习、通过师生协作与生生协作，运用观察、讨论、思考、试错、实验、描绘、设计、制作和写作等程序和方法解决问题，在解决问题的过程中，将美术知识与技能转化为学科核心素养。

2. 以逻辑为主线，以层层递进为手段

温雯老师的美术教学设计中，既有大的逻辑，也有各自的逻辑线，十分清晰。在问题驱动、情境设计等课堂上，也都是由浅入深、由易到难地层层递进。在整体上是线性递进，在某些需要打磨的环节是螺旋式递进，契合了学生的认知水平和兴趣点。在不同的美术课中，温雯老师的课堂结构都体现出厚重而灵巧的特点。在课堂横向的容量和范围上，知识点宽泛；

在课堂纵向的学科思考上，有内涵和深度。教学大环节间逻辑清晰，由浅入深、由易到难，呈线性递进；在重点难点环节，给学生提出适当的任务和准备适当的活动，教学流程呈螺旋式递进，使学生循序渐进地、主动地掌握知识、提升能力，一步一个脚印地完成学习目标。

温雯老师的教学方法灵活多样，有影像、范画、故事、游戏、音乐、访问等方式，新颖灵巧，运用得当，真正做到了教学过程的生动有趣。温雯老师的美术课堂很好地把握了认知能力与创造力的关系，在引导学生对事物与艺术作品进行深入认知的基础上，从审美、心理、思想、人格的角度层层展开美术教育，观察学生借绘画表现与抒发出内在的情感、思想、兴趣和对客观世界的认识，正确评价学生作品，引导学生表达内心的感受和对社会的关怀、对人与自然的关心。

附：《正负图形的画面》教学案例

教学内容分析

　　本课选自义务教学教科书《美术》（岭南版）五年级上册第九课《正负图形的画面》，属于"设计·应用"学习领域的课程内容。教材列举了多幅由正负图形组成的画面供学生欣赏，让学生感受作品中现实与虚幻的对比，体验正负图形交错画面的艺术魅力，同时激发学生的想象力，培养学生的创新精神。

　　教材选用荷兰画家埃舍尔的《动物王国》和《中国阴阳太极图》两幅特点非常突出的作品，来说明规则形交错和不规则形交错两种表现手法，同时结合学生的作业范画，让学生轻松理解正负图形画面的创作方法，为创作活动提供了极好的范例。

学情分析

　　奇思妙想是指人的思维对于某些事物散发出的奇特想法或思路，它是想象的翅膀，是创造力的源泉。正负图形虚实相生的艺术表现手法，独特有趣，是表现奇思妙想的好方法，学生会从学习活动中感受到艺术设计与创作的奇妙。

本课的教学内容趣味性浓，探究性强，符合五年级学生的年龄特点和兴趣需求，有助于激发学生学会用"第三只眼"去观察生活、表现生活。

五年级的学生已经掌握了一些设计的方法，形成了一定的设计技能，也具备了一定的读图能力、分析和思考的能力，以及动手实践的能力。但本课的学习不仅要有丰富的想象力，而且要具备一定的逻辑思维能力。因此，本课的教学内容对五年级的学生来说，仍具有一定的难度。

教学目标

1. 感知正负图形交错画面的艺术魅力。

2. 学习正负图形相互交错、虚实相生的艺术表现手法，并能创作一幅正负图形的画面。

3. 在学教活动中，培养学生的艺术直觉、视觉思维、创新能力。

教学重点

感知正负图形交错画面的艺术魅力，了解正负图形的艺术特点和构成方式。

教学难点

用正形和负形交错的设计手法设计一幅作品。

教学准备

教师：《动物王国》拼图，练习用纸。

学生：黑色勾线笔。

教学流程

一、课前游戏：我们来拼图

师：上课前，我们以小组为单位，来玩一个拼图游戏。

【设计意图】让学生在拼图游戏中，直接体验、感知拼图图块之间互相嵌合的关系，为下一步学习和体验奠定基础。

二、读图、发现（观）

1.师：我们将各小组的拼图合并在一起，完成了一幅大拼图。其实拼图的图案来自荷兰画家埃舍尔的作品《动物王国》。谁来分享一下，你对这幅作品的第一印象是什么？

埃舍尔《动物王国》

生A：这幅画中的动物种类特别多，而且画面黑里有白，白里有黑。

2.师：画中白色图案部分叫"正形"，黑色衬底部分叫"负形"。正形与负形之间有什么样的关系？

生B：图案和衬底的轮廓很吻合。

3.师：真是会观察的孩子！埃舍尔巧妙利用正形与负形，使各种动物和人物互为背景，相互交错，形成了一幅不可思议的画面。（出示课题《正负图形的画面》）

【设计意图】以问题引导学生充分看图、读图，依赖个体直觉和经验，初步感知正形与负形之间独特的关系。

三、理解、认知（知）

（一）回顾旧知识，激活已有经验

1. 师：三年级时我们曾学过《巧变虚形与实形》。实形与虚形，又叫正形与负形。

2. 师：生活中，你还见过类似这样有正有负的图形吗？

中国阴阳太极图

生 C：太极八卦图。

3. 师：两条鱼形图案，一黑一白，一阴一阳，没有白就看不出黑，没有黑就衬不出白。简单的图形，蕴含了中国古人的智慧。（出示《中国阴阳太极图》）

【设计意图】回顾旧知识，激发学生已有的生活经验，进一步感知正形与负形。

（二）在对比中发现正负图形构成的排列方法

1. 师：这是埃舍尔的另一幅作品《黑白鸟的镶嵌》。与《动物王国》相比，它画面中正负图形的构成方式有什么不一样？

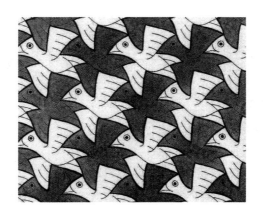

埃舍尔《黑白鸟的镶嵌》

生 D：《动物王国》里每一个图形的形状都不一样，而《黑白鸟的镶嵌》里正负图形的形状都是一样的。

生E：《动物王国》的图形摆放是不规则的，《黑白鸟的镶嵌》图形摆放是规则的。

2.教师小结：正负图形的构成可以归纳为规则形的相互交错、不规则形的相互交错两种方式。

【设计意图】以直观对比的方法引导学生读图、识图，由外观到内思。

（三）直观感知正负图形的艺术表现手法

1.师：你能用哪些词语来形容正负图形的艺术表现手法？我们一起来阅读课本，找一找答案。

（学生阅读课本、找寻答案：相互交错，虚实相生。）

2.师：你如何理解"虚实相生"？

生F：就是你注意看白色的部分，黑色就是背景；看黑色部分，白色就是背景。

生G：假如没有白，你就看不出黑；没有黑，你也就看不出白。

3.师：我将鲁宾的《花瓶幻觉》制作了一个小动画。我们一起来观看。

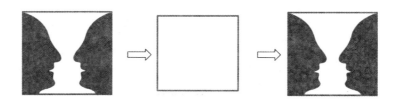

鲁宾《花瓶幻觉》动画示意

【设计意图】通过小动画，让学生通过视知觉去感受、理解、认知。

4.教师小结：没有虚就没有实。虚形与实形互相依赖，互相生成，这就是"虚实相生"。

（四）直观感知、练习掌握正负图形的艺术表现手法

1.师：告别鲁宾的"花瓶"，我们来看一看乔布斯的"苹果"。（教师以教具直观演示"苹果"标志，显示它也是利用正负图形设计而成的。）

【设计意图】通过直观演示，让学生发现"图形叠合"的方法。

2. 师：我将这种方法命名为"图形叠合"。一起来欣赏一组"苹果的幻觉"。

"苹果的幻觉"演示示例

3. 师：你能用"图形叠合"的方式，将乔布斯的"苹果"再变一变吗？

（学生进行创意小练习："苹果变变变"。）

【设计意图】以小练习为学生搭建学习"支架"，帮助学生掌握方法，由易到难，为下一步学习奠定基础。

4. 师：让我们看看同学们的作品。

（教师展示部分学生的小练习。）

四、感知、判断（感）

1. 师：让我们穿越到 1973 年的日本东京。

（出示日本设计师福田繁雄的招贴设计《京王百货》。）

2. 师：如果你是顾客，你会从图中读取到哪些信息？

生 H：不管男士还是女士，都喜欢

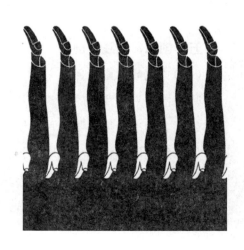

福田繁雄《京王百货》

去京王百货买东西。

生 I：这家商店卖鞋子最出名。

生 J：商店应有尽有，所以吸引了这么多的人。

3. 师：福田繁雄用了这样的设计的方法：在一个形象外的空隙中，发现另一个形象。我们将这种方法称为"空隙创形"。

【设计意图】以问题营造情境，让学生在"知"的基础上进入个体审美判断，形成完整认知。

4. 师：我们来玩接力画游戏——小兔的朋友圈。请看游戏规则：

（1）老师先在黑板上画一只小兔。

（2）学生以接力的方式，依次在小兔形象外的空隙中，添画其他的形象。

（3）添画时不能涂擦已有的画面。

【设计意图】以有趣的接力画为新练习方式，继续为学生搭建学习"支架"，帮助学生掌握"空隙创形"的构成方法。

5. 师：同学们很好地掌握了"空隙创形"的方法，小兔的朋友圈丰富多彩！

五、创想、实践（创）

（一）"我的创意时间"

师：接下来是我们的创意时间。一起来看看活动要求。

（1）老师准备很多张卡片，卡片上分别画有不同的小动物。

（2）每位同学将随机抽取一张。

（3）请你用"空隙创形"的方法，创作一幅《小动物王国》。

【设计意图】在优化小练习的基础上，以小步走的方式，完成个人作品。

（二）展示与评价时间

师：同学们，我们的作品已经展示到云端展厅了。我们一起来欣赏。

（学生自评，介绍自己的作品。）

（学生互评，回答"你喜欢谁的作品？为什么？"）

【设计意图】通过展示、自评、互评，让学生体验创意设计的乐趣，提高学生审美能力。

六、总结、预告

师：通过今天的学习活动，同学们已感知到正负图形交错画面的艺术魅力，知晓了正负图形的艺术特点，并掌握了简单的正负图形画面构成的方法。下一节课我们将继续深入学习，学习任务如下：

（1）创意改画《京王百货》。

（2）用正负图形规则形交错或不规则形交错的设计方法，创作一幅有意味的作品。

请同学们做好课前准备。

【设计意图】提出新的要求，鼓励、促进学生课前自主思考、寻找方法，做好学习准备。

[深圳市福田区荔园小学（荔园教育集团）百花校区　温雯]

小学科学教学实例

周伟明"基于 PBL 的选择设计"教学模型

科学技术推动了生产力的发展、经济的繁荣和社会的进步,促进了人们的生产方式、生活方式和思维方式的变革。科学技术的快速发展对每一位公民的科学素养提出了新的要求。科学素养的培养是一个漫长的过程,早期的科学教育对一个人科学素养形成具有决定性的作用。小学科学课程是以培养科学素养为宗旨的科学启蒙课程。小学阶段的学习,对学生掌握基本的学习方法,养成良好的学习习惯与态度,以及后继的学习甚至人生的发展都将起到至关重要的作用。科学教育可以使学生逐步领会科学的本质,养成乐于探究、热爱科学的优秀习惯,树立社会责任感,学会用科学的思维方式解决学习和生活中遇到的问题。

小学科学课程是一门基础性课程。培养学生的科学兴趣和探究意识是小学科学教育的核心任务。通过小学科学课程的学习,使学生学会理解基本的科学概念、掌握基本的科学探究方法,养成通过现象和证据来解释事情的科学态度。这是达到科学学科核心素养的基本要求。科学学科的四大核心素养包括"科学观念""科学知识""科学探究""科学思维",它们之间相互影响、互为支撑,为学生认识科学、理解科学和运用科学解决问题提供了方向与途径。

小学科学课程内容划分为"物质科学""生命科学""地球与宇宙科学""技术与工程"四大领域。四个领域相互渗透并相互联系，注重自然世界的整体性，发挥不同知识领域的教育功能和思维培养功能，共同形成一个具有综合性和应用性的科学课程结构。通过综合运用不同领域的知识和方法理解自然现象，解决实际问题。

一、"基于 PBL 的选择设计"教学模型的概念与目标

周伟明老师的科学教学，着力于学生对科学问题的自主发现、分析和探究，重视学生科学思维的训练，关注学生创新能力与合作意识的发展。"基于 PBL 的选择设计"教学模型以建构主义学习理论、发现学习理论、多元智力理论和体验式学习理论为依据，以培养学生的科学素养为目标，以项目驱动为教学组织形式，以"趣、识、创、思"为教学的基本环节，在充分认识学生身心发展特点的基础上，整合教学内容，在科学课程教学中设置合理而有意义的教学项目，由学生组建团队进行分工协作，并通过自主选择，完成信息收集、需求分析、解决方案、总体设计和详细设计、项目实施以及最终评价。周伟明老师的科学教学不断引导学生自主探索解决问题的策略，具有很强的教育实践应用价值。

在周伟明老师的教学理念中，科学教育强调亲身经历，要让学生进行以探究为主的学习活动。从学生的生活经验出发，以学生的好奇心和求知欲为抓手，设置贴近生活的项目任务，营造真实的探究环境，激发学生浓厚的学习兴趣，给予学生充分的自由去探究。帮助学生在经历项目开发的过程中，体验科学探究的成功或失败，逐渐形成尊重事实、善于质疑求真的科学态度，学会探究解决问题的策略，培养创新和实践能力。

二、"基于 PBL 的选择设计"教学模型的理论依据

（一）"建构主义"学习理论

"建构主义"认为一切学习活动最终的目标都是完成知识的意义建构，学习者在自身经验系统的基础上主动地建构知识的意义。而这一知识建构的过程需要置于一定的情境即社会文化背景下，借助他人（教师、学习伙伴）的帮助并通过协作活动实现意义建构。"建构主义"理论认为"学校中的学习不能与'真实世界'中获得的知识相分离"，强调情境教学。学习则是要着眼于解决生活中的实际问题，在具体情境中进行，学习效果应在情境中评估等。教师应构建与现实情境相类似的学习情境，选择真实性任务作为学习内容，以解决学生在现实生活中遇到的问题为目标来进行教学实践。同时，由于教学的过程应与现实的问题解决过程类似，所需要的工具往往隐含在情境之中，教师需要在课堂上展示出与现实中专家解决问题类似的探索过程，提供解决问题的原型，并指导学生的探索。而且这一过程要强调学科融合，以解决学生在具体问题中遇到的多个概念、多种内容之间的交叉。

小学科学课程的核心就是学生用以获取知识、形成科学的思想观念、领悟科学家研究自然界所用的方法而进行的各种科学探究活动。科学课程的学习内容涵盖了多个领域，其天然属性要求教师要在教学实践活动中创设贴近实际生活的问题情境，以多种方式激发学生的学习热情，通过互动合作引导和调节学生进行自主探究学习。帮助学生与他人互动，与环境互动，与科学文化互动，体验科学探索的全过程，从而促成其自身的知识积累。

（二）"发现学习"理论

美国教育家布鲁纳提出发现学习法理论，要求学生不仅要知道知识完整的结果，而且要追溯达到结果的步骤，善于自我发现知识。并且，发现不限于那种寻求人类尚未知晓之事的行为，同时还包括用自己的头脑亲自获得知识的一切形式。布鲁纳主张教学应采用"探究—发现"的方法，引导学生像科学家那样探求知识。在他看来，学生与科学家之间并没有实质性的智力差异。虽然学生掌握的知识和经验少、理论层次低，智力发展的程度与科学家相比有较大差距，但在性质上，二者通过积极的思维活动而发生的智力功能和发展价值在本质上是一致的。如果能够以与学生思考的方式特征相适应的方法来进行教学，那么，他们完全可以像科学家研究自然和社会那样学习自然和社会科学。因而，布鲁纳主张的发现学习法，实际上可以看作模拟科学研究的方法，这与科学课程的性质和培养目标不谋而合。

在发现学习中，学生可以通过自主学习、探求知识，不断激活思维，充分调动和展现智慧潜能，从而有助于培养学生解决问题的能力和创造性思维。在发现学习中，通过一次次的分析和探索练习实践，能够逐步形成对原有知识经验和当前情境中的表象的认知重组，以达到问题解决的目的。另外，解决问题的过程并不是进行简单重组的过程，更多要依赖个体创造性的见解。而这种创造性思维的发展离不开长期的探究和发现活动。同时，在发现学习中，教师和学生是一种合作的关系，学生在教师的引导下主动通过发现、探索去解决问题。学生在解决问题的过程中，又将获得学习的愉悦感，从而进一步激发更深层次的学习兴趣。在这种良性循环中，学生的主体能动性也会得到不断激发。

（三）"多元智力"理论

"多元智力"理论由美国心理学家加德纳首次提出，对教育教学改革产生了日益深刻的影响。"多元智力"理论认为人的智力是多元的，每个人具

　　　　○　解码优质课堂：素养导向的学科教学模型群　●

有不同的智力结构。除了言语－语言智力和逻辑－数理智力两种基本智力以外，还有其他七种智力，即视觉－空间智力、音乐－节奏智力、身体－运动智力、人际交往智力、自我反省智力、自然观察智力和存在智力。具有"多元智力"的每个人都有不同的智力强项和优势，要给不同智力类型学生相同的机会，使其通过运用自身的智力优势完成学习任务。而教育过程就是要针对每个学生不同的智力情况进行因材施教，从而实现"充分发掘每一个学生的潜力"和"教育的目标是真正理解并学以致用"。"多元智力"理论强调智力是个体解决实际问题的能力及创造出社会需要的产品的能力，应当把推动人类进步最重要的力量——创造力的培养提高到一个应有的高度。教育的落脚点应从培养学生的实践能力着手，着重培养学生的创造能力。因此要尽可能为学生提供真实的学习环境，使学生各自的智力潜能都能够得到开发和互补。并且强调在真实情境中的评价，而不是传统教育中脱离生活实际的标准化测试。

"多元智力"理论的教育观点与科学课程改革的理念不谋而合。科学课程的全面性、主体性、探究性、整合性、开放性以及评价方式的多元性都要求在此课程的教学中充分体现学生的主动性，发挥他们的能动作用。让学生能够直接参与各种科学探究活动，要求他们自己提出问题、解决问题，收集资料，开展调查与实验，自己整理信息或做出解释与结论。科学课程必须建立在满足学生发展需要和已有的经验的基础之上，"多元智力"理论强调学生的不同智力特点，要创设丰富而有意义的学习情境，使学生能够充分发挥多种智力，进行多方探索。

（四）"体验式学习"理论

"体验式学习"理论由美国社会心理学家库伯在杜威、勒温以及皮亚杰的学习理论基础上提出。该理论认为，任何学习过程都遵循"经验学习圈"，包括经验、反思、概念化与实践四个阶段，要求学习者从日常生活或他人构建的程序里获得亲身体验，并在此基础上进行反思、概括、讨论与评价，最终产生新的认识、情感或行动。体验式学习改变了以往传统教学中学生被动获取知识的学习方式，主张学生要主动利用已有的知识和经验探索问题，获得新知。在这个过程中，学生需要从现实生活出发，通过发现问题、提出问题、研究问题、解决问题，逐步获得探索与创造的感性经验，并且在探索过程中增加知识储备，提高问题解决能力。体验式学习更加注重为学习者创造真实或模拟的环境和活动，强调学生作为学习的主体，通过个人在交互活动参与中获得的经验、感受、觉悟并进行交流和分享，然后通过反思再总结，将其提升为理论或成果，最后将理论或成果投入到应用实践之中，实现在体验和反思过程中的成长发展。这与科学学科教育的核心理念不谋而合。通过给予学习者亲身体验的机会，让学生在不断探究、实验、检验的过程中，真正体验知识的创造过程和应用价值，获得个体在知识、经验、技能、方法以及情感上的成长和发展。教师需要根据学生已有知识经验创设趣味化的、真实的问题情境，激活学生原有认知，让学习者全身心投入，在观察、思考、探索、领悟、应用的过程中，深刻理解和建构学科知识。

三、"基于 PBL 的选择设计"基本教学模型

周伟明老师"基于 PBL 的选择设计"教学模型，"以学生为主体，以教师为主导，以项目为主线"，合理定位教与学之间的关系。将教学内容融入不同阶段的项目任务中，按照项目开发的路线来实施教学。"基于 PBL 的选择设计"教学模型大体呈"趣、识、创、思"四个环节。各个环节相互联系、相互渗透，使整个教学过程形成一个有机整体，不仅存在于整个学科体系中，还存在于若干个相对独立的教学项目中，形成教学项目的循环，又带动整个学科体系学习的循环。

"趣"是兴趣，项目载体贴近学生生活，聚焦实际问题。从学生的生活经验出发，以解决生活中的痛点问题为切入点，创设生动直观的教学情境，在项目设计时将教学内容相关的各种资源考虑在内，给予学生极大的选择权利，充分激发学生的求知欲和学习兴趣，调动学生学习的内在动力。促使学生在日常生活中主动发掘科学问题，形成并强化学生的科学观念。

"识"是知识也是认识，教学项目基于科学知识，是对教学内容的整合与重构。学生通过运用已有经验，利用多种资源主动建构知识，自主制订计划，为后续的实践操作提供框架，提高实践效率，为问题解决能力的掌握奠定前期基础。并且，设置的项目任务间关联性强，在教学目的和侧重点上注重实用性和可操作性，有意识地培养学生多元认知的能力。

"创"是创新也是创造，是"识"的实践体现，是整个教学模型的重点环节。在"识"的基础上，将科学知识与科学探究相结合。以合作学习的形式，充分给予学生自主性，强调学生体验自主选择、自主设计、自主制作与自主推广的全过程，通过实际操作活动将知识转化为解决问题的能力。同时，经过小组内外充分讨论交流、协作分工与信息资源共享，合作完成项目任务，从而深刻理解和掌握所学知识。

"思"是评价和反思，是对先前一系列科学探究活动的总结与归纳。通过自我评价、同学评价或教师点评的形式引导学生不断审视自己的整个探究过程，激发学生的发散性思维。在此基础上形成的对新习得的知识和已有经验的内化与迁移，将科学知识的学习转化为问题解决能力的掌握，逐渐形成科学思维的构建。同时，引导学生将实践成果与先前的设计图进行对比，帮助学生进行深度思考。让学生在反复对比与试误中，逐渐形成假设检验的逻辑思维和思考习惯，促成学生高阶思维的自然产生与发展。

这四个环节的目标是培养学生的科学观念、科学思维，引导学生主动学习科学知识和体验科学探索。"基于 PBL 的选择设计"教学模型重视"自主探索"，强调充分给予学生自主选择的权利和自由，并将这一理念贯穿教学的始终。在项目设计之初就为学生提供了可供选择的各种资源，促使学生在项目的牵引下和教师的指导下自发地、主动地去思考和建构知识，引导学生通过小组合作的形式自主调动各项资源去完成实践探索。整个教学环节形成一个不断发展和螺旋上升的闭环，让学生在探索体验中感受学习科学的乐趣，从而获取科学知识，增长科学探究能力，逐步实现学生的多元发展。

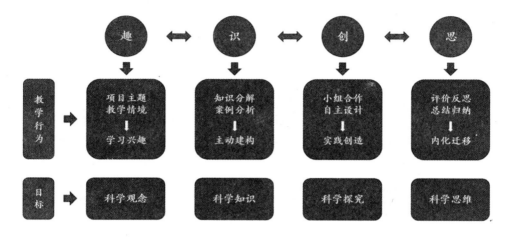

"基于PBL的选择设计"教学模型基本环节

四、"基于 PBL 的选择设计"教学模型的教学流程

科学不仅仅是理解世界的知识体系，也是建立拓展和精练知识的一系列实践。人们在实践中获取与应用知识，同时实践也需要相关的知识，因此强调动脑与动手相结合。小学科学课程内容涉及多个方面，科学探究活动往往要通过综合运用多个领域的知识和方法去理解和解决问题。根据教学目的的不同将科学课程划分为两类课型，分别是基础课程、STEM 校本课程。在"基于 PBL 的选择设计"教学模型的教学流程中，基础课程、STEM 校本课程的教学目标侧重点不尽相同，可分别建立有所差别的教学流程。

○ 解码优质课堂：素养导向的学科教学模型群 ●

（一）基础课程

基础课程以学生能够感知的物质科学、生命科学、地球与宇宙科学以及技术与工程中一些较为直观、学生乐于参与的学习内容为载体，重在培养学生对科学的兴趣、对科学知识的认识以及正确的思维方式和学习习惯。"基于PBL的选择设计"教学模型下基础课程的教学，以科学课程教材为主要内容，以问题导入、任务驱动展开探究，让学生在探索体验中掌握各个领域的知识，了解解决问题的一般流程，为获得创新能力和问题解决能力奠定前期基础。

"基于PBL的选择设计"基础课程教学流程

教学环节	教学手段	学生参与	教学目的
趣	问题导入 引出任务	兴趣激发 主动求知	设置源自生活的问题情境，激发学生的求知欲和学习兴趣；通过问答形式，让学生明确项目任务，引发学生对学习内容的主动猜想与假设
识	内容重构 知识转化	认知激活 知识建构	对学习内容进行分解与重构，将抽象知识转化为与生活现象相关的经验，激活学生的前科学概念；用项目任务将科学知识串联起来，引导学生主动建构知识，形成解决问题的初步框架与计划
创	任务驱动 指导点拨	小组合作 活动探究	通过学习单的引导，以小组合作的形式规定学生限时完成项目任务，自主选择设计方案来检验假设结果，逐步引导学生向更深层次进行思考；在锻炼学生分工合作能力的同时促使学生高阶思维的自然发生
思	分析研讨 拓展延伸	内化迁移 思维提升	通过分析讨论、归纳总结，引导学生理解生活现象中的抽象知识，得出科学概念；同时再次联系生活，将概念进一步具象化，扩大抽象知识在现实情境中的应用范围，促使学生更加深入地理解学习内容，将知识进行内化与迁移

注：前科学概念指的是与科学概念的内涵、外延不一致的个体概念，包括错误概念、相异概念、锚概念、前概念等。

周伟明老师通过对教材结构进行调整，改变循序渐进的教材结构，充分利用小学阶段的学生对周围世界强烈的好奇心和探究欲望，以生活化的项目任务片段为切入点，将抽象知识转化成一系列具体化的现实生活问题，鼓励学生通过自己的方式感知世界，引发学生的思考与猜想。提供给学生自主选择的权利，进而引导学生利用所选择的资料在合作探究的过程中经历假设、检验的整个流程（设计—制作—测试—改进），让他们从动手操作具体形象物体的体验中进行深度思考，在认识物质特性、理解事物之间联系的过程中形成自己的判断。再通过研讨，从科学的角度分析、解释生活现象背后隐藏的抽象知识。最后再次联系生活，帮助学生体会科学知识在生活中的广泛应用，来强化学生对生活中科学现象的理解。

透过抽象的科学知识与具象的生活现象间的相互转化，让学生发现问题、界定问题，并且通过实际的操作和问题的解决来感受生活中蕴含着的科学概念，发现规律，得出结论。促使学生逐渐学会运用科学语言和科学态度来认识和理解世界。长此以往，学生不仅能从一个个项目任务探索中逐渐形成合作意识和提高合作能力，还能在训练中逐渐形成缜密的逻辑思维和思考习惯，为今后获得运用科学认识和改造世界的方法论奠定前期基础。同时，这也是促成学生进行分析与假设的高阶思维的自然发生与发展过程。

此外，教学活动需要与学生的认知发展水平相匹配。针对不同年级的学生，教学内容与教学环节的设置需要进行相应的调整。基于对教材内容和基本学情的分析，合理利用课前、课中和课后的时间，制订相应的课堂管理规则制度，以达到整堂课程的高效运转。

（二）STEM校本课程

STEM校本课程一般选择生活与工程实践中简单、实用的项目为载体，以问题为导向，学生围绕问题进行头脑风暴，寻求解决方案，并根据方案进行实践探究，从而解决问题。特别要强调的是跨学科学习和知识的综合运用，重在培养学生解决生活中的问题的能力。"基于 PBL 的选择设计"教学模型下 STEM 校本课程的教学，以兴趣性、个性化、科学性、创造性等为原则，以技术与工程为主线将整个学科内容串联起来，通过项目开发的教学组织形式，引导学生合理利用生活中的常见材料进行实践创作，完成一些能解决实际生活中存在的问题的产品，将科学知识转化为科学实践成果。目的在于启发学生的创造性思维，鼓励学生主动参与、积极探索、勤于动手，提高学生动脑和动手的能力，培养学生的创新精神和问题解决能力。

"基于PBL的选择设计" STEM校本课程教学流程

教学环节	教学手段	学生参与	教学目的
趣	情境导入聚焦问题	主动思考头脑风暴	根据教学目标创设问题情境，引发学生思考；引导学生聚焦问题，并通过头脑风暴进行讨论，总结出项目开发的核心问题
识	提供材料介绍流程	产品设计材料选择	提供并介绍相关材料，供学生自由选择；介绍产品研发流程及最佳产品评选办法，引导学生自主协商、自主设计并绘制产品设计图
创	任务驱动指导点拨	分工协作自主创造	给予学生充分的选择自由，引导学生分工协作，让学生自由发挥、自主创造；教师适时介入，给予帮助
思	成果点评总结延伸	展示推销优化迭代	通过产品推销的形式，让学生自由选择推销方式、推销内容来展示小组产品；教师通过对比点评的方式，分析团队表现和作品特点，引导学生思考产品的优化迭代

周伟明老师将 STEM 教育理念充分融入小学科学的教学之中，以小组合作的形式让学生经历产品项目的各个流程：方案设计、产品制作、产品推销等。通过让学生从身边的生活情境入手，引导学生发现、思考生活中

的问题，进行头脑风暴，总结讨论出解决该问题所需的项目产品特性。接着，介绍产品研发流程（①核算成本，选取材料；②绘制产品设计图；③制作智能小风扇；④推销"产品"）以及最佳产品评选方案（①产品推销；②团队信誉等级；③产品成本、售价）。通过利用生活中的常见材料，帮助学生认识和应用材料，让学生在脑海中形成建立与运用模型的意识与雏形。

同时，设置"启动资金"和"材料超市"，以购买材料的形式，引导学生在核算成本后组织产品设计并绘制产品设计图。给予学生充分的时间和选择机会，让学生自由选择材料、自由选择呈现方式等。在保证课堂秩序的情况下有序进行团队分工，实现产品功能、搭建并美化外观，最后完成产品的制作。通过这样的训练方式来提高学生运用数学与计算思维的能力、设计与实践的能力，以及节约材料的环保意识。

最后，以评委评选的形式，根据每个团队的产品推销、团队信誉等级和产品研发成本等因素进行投票打分，激发学生的探究欲望。促使学生从产品设计的初始就形成展示推销意识，在讨论如何推销产品的过程中，逐渐获得分析与解释数据的能力、锻炼评价和表达交流的能力。再通过教师的点评总结，鼓励学生进行产品的优化迭代，让学生在深度体验的基础上进行更深层次的思考。

周伟明老师的 STEM 校本课程能够有效地把科学、技术、工程、数学、艺术、阅读等融合在一起，发掘学生解释和提出解决方案的能力，实现深层次学习、理解性学习，培养学生各个方面的技能和智力。

五、"基于 PBL 的选择设计"教学模型的实践策略

周伟明老师在"基于 PBL 的选择设计"教学模型的教学实践中，从教学设计到活动组织以及课堂管理等方面，总结出了一系列行之有效的课堂教学策略，涵盖了整个课堂教学活动的始终。使基于 PBL 的选择设计教学

理念能在课堂顺利实施，达到育人的目标。

（一）教学内容贴近生活

周伟明老师的小学科学教学，将整个单元的知识进行整合重组，以项目任务（开发）的形式展开课堂教学。在教学设计上，教师需要设置贴近生活的项目来调动学生的学习兴趣和积极性，以促进科学探究活动的有效开展。科学课程本身就是带领学生认识和发现生活中的科学现象与科学问题，尤其是 STEM 校本课程，更需要真正聚焦生活中的实际问题，解决生活中的痛点问题。

同时，这也与学生的认知发展特点相吻合。生活中的常见事物能够带给学生亲切感。周老师为学生提供了多种资源供其选择，利用这些生活中常见的材料让学生进行发现、改造和创新，能够给学生带来改造它们的兴趣与改造成功后的喜悦体验。并且，材料的选择是以日常生活中购买材料的形式进行，让学生在课程学习过程中也能感受到贴近生活的真实情境。学习内容的生活化还能促使学生带着问题去主动收集资料或准备材料，并在这一步中调动各种感官去观察生活中的事物，与他人进行交流。这实际上又是一个自主探究的过程，还会更深切地体会到科学与生活的关系。

（二）绘制项目设计方案

项目设计方案（例如，产品设计方案、学习记录单）在一定程度上充当了实践探究活动的组织与串联角色。在动手操作之前，让学生绘制产品设计图或学习记录单，为后面的制作做准备。项目设计方案涉及项目规划到设计制作的整个流程，以此来形成最初始的项目任务质量标准和制作框架，能够将小组经过讨论后形成的想法落在纸面上，帮助学生提高实践效率，启发学生进行深度思考。

在这个过程中，学生通过小组讨论，能够更加深入地思考使用材料的用途及其应用场景，并进行假设；还能在讨论与修改中不断深化自己的思考。同时，还要求学生在制作完毕后将成果与设计图一一进行对比，来验证前期假设，以及实现对实践过程的管控，从而保持探究活动的有意义性和高效性。长此以往，就能使学生在不断训练中逐渐形成缜密的逻辑思维和思考习惯。同时，这也是促成学生进行假设检验的高阶思维的自然发生与发展过程。

（三）制定课堂活动规则

小学阶段的学生在生理和心理上具有很强烈的活动意愿，有积极参与活动的态度，喜爱动手操作和实践活动。正因为科学学科的课程性质和学生的年龄特征，形成了科学课堂教学的特殊性，给课堂有效教学增加了管理难度。周伟明老师的课堂教学非常重视秩序管理。良好的课堂教学秩序，是课堂教学顺利进行的保障，也是实现有效教学的保障。

在具体的教学过程中，尤其是讨论和制作活动开始前，周伟明老师常常会着重强调课堂活动规则（轻声讨论，组内能听到即可），并在学生实践过程中进行提醒。而不是仅仅在秩序出现问题时才对学生进行制止，在一定程度上避免了强化学生错误行为的可能，确保了合作探究活动的有效进行。课堂教学自始至终都在培养学生认真聆听、轻声细语交流的意识。同时，在表达交流环节，教师还能通过倾听与反馈，及时给予学生启发并严格控制好讨论、展示的时间，保证了整堂课的顺利进行，提高学生探究活动的有效性。

六、"基于 PBL 的选择设计"教学模型的风格特色

（一）提供可供学生选择的机会

周伟明老师"基于 PBL 的选择设计"课堂打破了原有科学实验或者是

产品制作中的材料、工具等固定的单一选项，从给予学生自由选择的角度进行教学设计，以此来引领学生进行自主合作探究。尤其是涉及产品制作的 STEM 校本课程，从材料的选择上就开始给学生提供了更多的可能性，并提供充分的时间和机会，让学生在基于对材料的认知后，对自己所要使用的工具进行选择和思考，来确定与材料相匹配的工具。

周伟明老师的课堂，不仅在材料、工具上给学生提供可选择性，还在设计方案、呈现方式等方面提供可选择性。对于那些涉及部分项目任务的基础课程来说，这种可选择性就体现在方案设计与呈现方式等方面。当使用材料无法提供更多选择的时候，学生可以通过自己的想象，利用有限的材料进行无限的创作。特别是当学生在交流设计方案提到某些独特的设计时，周伟明老师都会及时给予鼓励。

通过对项目任务中学生探索过程的不设限，为学生提供了能够自主选择的机会。这种不设限，增加了学生独立判断、独立思考的可能性。让学生能够在自由选择的判断以及验证过程中，获得更加充分的锻炼，以促进思维深度的提升。并且，在给予学生选择自由的同时，这些做法也是对教师自身驾驭能力的考验。

（二）系统应用 STEM 教育理念

周伟明老师的科学课堂注重学生科学核心素养的培养，关注学生的学习兴趣和探索体验，能有针对性地培养学生的科学探究能力。他不仅将 STEM 理念应用在校本课程中，还将其应用在基础课程的日常教学中，通过对科学教学中的知识关联、技术整合、多学科融合、学生选择、真实评价、基于问题、艺术整合以及分工合作等方面进行综合，制定教学活动，利用项目任务将不同科学内容领域串联起来，通过项目任务的有序、有效进行来把控学习效果。

最突出的地方就是周老师通过探索 STEM 理念与小学科学探究性学习

的教学融合点，将成本意识贯穿在整个科学教学之中，引导学生尽可能地节约材料的使用，从学生进行科学探究的初始就培养他们的数学思维与环保意识。尤其是在 STEM 校本课程中创造性地设置"启动资金"和"材料超市"，让学生通过购买的形式对所选择的材料有更深入的理解和认识。只有在完全理解项目任务和材料特性的基础上，才能更好地实现成本控制。通过科学实践活动的不断训练，逐步强化他们的成本意识，真正做到了将生活融入课堂教学，将科学知识应用到生活实践中。

附：《智能坐姿提醒器》教学案例

教学内容分析

《智能坐姿提醒器》是一节 STEM 课，课时 60 分钟，本课在设计制作坐姿提醒器的过程中主要安排了三个活动：一、小组商量完成设计方案；二、使用"启动资金"到材料超市购买材料并进行设计制作；三、向评委推销本组的产品并进行评比。本课有效促使科学、技术、工程、数学、艺术、阅读等科目之间形成相互碰撞、相互支撑、相互补充、共同发展的关系，把它们很自然地融合在一起，实现深层次的学习和理解性学习，培养学生掌握各方面的技能和知识。如：几种传感器的工作原理，外观的搭建等体现了很多科学概念（S）；在实践中，学生的动手能力、观察能力、交流合作能力都得到了锻炼与提升，并掌握常见工具使用（T）；让学生设计坐姿提醒器，将科学知识运用到生活实践（E）；在设计制作过程中，学生核算作品成本涉及计算，是数学概念的体现（M）；此外，在外观设计和美化的过程中，还体现了艺术的概念（A），而让学生阅读使用材料说明书，体现了阅读的概念（R）。

学情分析

　　小学高年级的学生通过几年的科学、信息技术和综合实践课等课程的学习，对作品的制作流程有了一定的了解，也学会了使用一些常见的工具，但是普遍缺乏创新精神和合作意识等素质，本课旨在培养学生的创新精神、合作意识及表达能力等综合素养。

教学目标

　　1. 掌握常见的材料和工具的使用。

　　2. 了解工程设计过程，知道设计过程需要不断改进。

　　3. 初步培养在思考、讨论和合作实践中，形成技术实践、表达、交流、评价的能力和协作意识。

　　4. 初步形成并保持对生活中存在的问题的探究欲望，并体验解决问题的乐趣。

教学重点

　　设计制作一个美观智能的坐姿提醒器。

教学难点

　　1. 电子元件的工作原理和连接方法。

　　2. 作品外观的设计、搭建和美化。

教学准备

　　教师：制作作品的常见外观材料和工具、材料和工具使用说明书、学习记录单。

　　学生：用于编写程序的笔记本电脑。

教学流程

一、问题驱动、引入课题（趣）

1.师：给大家带来一组数据，2020年我国小学生近视率达到了45.7%，相当于2个学生里就有1个近视，而且根据我们多年的数据显示，小学生近视率逐年上升，大家说一说，你们觉得造成近视的原因有哪些？（由讲述事实转向探究原因。）

生A：写作业、看书距离书本太近。

生B：在太明亮的地方或太暗的地方看书、走路看书、看书时间过长等。

（教师板书学生回答的关键内容。）

2.师：刚才同学们说得都很有道理，那么今天呢，我们就从一个方向出发，来设计制作一个坐姿提醒器，从而来帮助大家纠正不正确的坐姿，预防近视，降低近视率。（明晰近视成因后，顺势从成因出发，引出本次课堂的主要任务。）

【设计意图】通过直观的数据与事实让学生理解近视的普遍性，进而引导学生思考近视的成因是什么。最终让学生从成因之一——坐姿出发，设计坐姿提醒器。这一导入不仅通过直观的图表和数字引起了学生的无意注意，让学生进入课堂状态，也让学生理解了设计坐姿提醒器的动机是什么，从而有助于获得更多的动力。

二、介绍材料和工具的使用（识）

1.师：在做这个作品之前，我们先来看看材料超市给大家提供了哪些材料。

第一类材料：电子元件类的材料。

有三个输入的传感器，分别是红外、触摸、倾斜传感器。等一下我们在制作的过程中，你们可以从中选一个，价格 10 元；主控板，如果作品中想要实现智能的功能，这就是必要的。主控板有一个输入关口和输出关口，左边的是输入关口，右边的是输出关口，它的价格是 30 元；两个输出的传感器，一个是振动传感器，一个是蜂鸣器，在制作作品时在它们中二选一。

我们在先前的课程中已经学过如何使用这些电子元件了，如果你们还有不懂的地方，老师在你们的桌面上准备了一份《电子元件使用说明书》，你们可以参考这个简要的说明书来复习怎么使用。（提醒学生电子元件的使用方法，并提醒学生留意参考资料。）

第二类材料：除了电子元件之外，我们还提供了六种外观材料，即太阳帽、马甲、支架、一次性水杯、卡纸、雪糕棒。

2. 师：我们在选择材料时可以任意选择材料种类，但是一定要考虑制作成本，杜绝浪费。在评比作品时，这一项也是参照标准之一。除此之外，每个组的桌面上有个工具盒，工具盒内有常见的工具。其中的热熔胶枪和剪刀在使用的时候一定要注意，我们做任何事情，包括科学实验，都要注意安全。（强调实践的安全性要求。）

【设计意图】明确本次任务所能够动用的资源，明确本次任务对资源的使用要求，有助于建立学生对产品成本的关注意识。在过程中适当地加入对操作要求的强调，确保学生的操作安全、合理。

三、介绍产品的制作流程（识）

1. 师：材料介绍完了，我们来了解制作作品的四个流程：第一步，领取材料；第二步，根据材料设计作品，我们每一组的桌面上都有一张《产品设计方案》，上面有每样产品的单价，大家在选好材料之后要根据材料绘制设计图；第三步，产品制作，我们需要花较长的时间在这个环节；第四步，推销产品，在制作完成之后，老师会给大家一分钟时间推销自己的产品。教室后面坐着十几位听课的老师，如果你们的产品做得好，他们就会给你们投票，得票最高的作品会获得"最佳产品"的称号。（设立奖项，激发学生争优热情。）

2. 师：影响你们得票的因素，除了你们的推销，还有几个方面。

产品的成本很重要；团队信誉是否诚信，有无弄虚作假；团队分工是否明确；是否注意工具使用安全；有无大声喧哗；有无整理好工具和垃圾。这就是我们的评价内容和方法。（通过设立奖项，说明评价标准，让学生了解设立产品评价标准的动机，从而能够更好地领会这些标准的内涵。）

3. 师：讲了那么多，你们是不是很想开始了？（通过问句调动学生情绪，提升学生动手做的动力。）

生：对！

师：那么接下来我们马上就要开始制作了。

【设计意图】通过讲解，让学生预先对产品研发的流程与评价标准有所认识，并且通过设立奖项的方式引导他们认真听取并且内化这些内容。

四、设计产品（创）

任务一：根据材料，完成产品设计方案。

①阅读材料使用说明书。

②团队讨论，选择使用什么材料，并核算研发成本。

③领取材料。

④绘制产品设计图。

1. 师：接下来我们就要开始我们的工作了！大家现在可以开始自己的产品设计，时间为 10 分钟。好，开始！（屏幕上显示倒计时。）

（教师巡视班级，解答学生问题，先完成设计的同学可以领取材料。）

2. 师：哪个团队已经画好了设计图？请举手。好，第四团队已经将设计图做好了，他们小组选择在支架上加传感器。（教师展示第四小组设计图。）

3.师：除了使用支架，大家还有其他的设计图吗？好，我们来看一下第六团队的设计，他们使用了马甲来进行设计，也非常好！

【设计意图】通过使学生阅读材料使用说明书、核算研发成本并设计自己的产品，可以对学生进行阅读、想象力、数学思维能力训练，并让学生了解产品制作之前的设计。

五、制作产品（创）

任务二：根据设计图，团队分工合作，完成智能坐姿提醒器的制作。

1.实现功能（电子元件的连接）。

2.搭建外观并美化外观。

3.思考怎么在一分钟内把自己的产品推销出去（说产品的优点）。

师：接下来我们要正式进入产品制作时间，如果你们的设计图还没有做好，接下来的时间你们也可以继续完善。制作过程有几点要求：第一，确保实现智能小风扇的功能；第二，要搭建好外观；第三，需要确定产品的预售价格；第四，还要考虑怎样推销你的产品。制作过程为20分钟，开始！（屏幕上显示倒计时。）

（同学们开始认真制作。）

【设计意图】产品的制作过程不但提高了学生的制作能力，实践了组内的互相合作，还培养了学生的合作精神。

六、推销产品（思）

1.师：给大家30秒钟，大家把工具收拾好，把垃圾丢到垃圾桶，完成得最好的组肯定会给评委留下好印象的。下面我们要进入下一个紧张的环节，那就是介绍、演示、推销你们的作品。我们按照举手的顺序来排列，说不定你的勇气可以为你加分。掌声鼓励第三团队！我相信你们一定是一个良好的开端。（言语渲染氛围，鼓励学生勇敢上台。）

团队 A：大家好，这是我们第三团队做的智能感应防近视支架，只要头一低下来就会有响声来提醒（距离太近）。（实际演示时发现有失灵的状况。）

教师上前观察并解释：因为我们的红外接近传感器的感应距离比较短，所以要比较近的时候才有提醒。（在演示出现问题时，及时对现象做出解释，学生更容易理解。）

学生继续推销：这个矫正架的成本是 60 元，我们打算卖 70 元。现在买我们的产品买一送一！

2.师：刚才第三团队有点紧张，下面的团队要吸取他们的教训啊。第一团队来！掌声鼓励一下。（以易接受的方式简单指出第一个上台的团队的不足，并引导其他学生从中学习。）

团队 B：我们是第一团队，我们做的是防近视帽。你把这顶帽子戴上的时候呢，如果你的头往左右侧或者往下探时角度过大，传感器就会振动。

师：为什么你们选择了振动传感器而不是蜂鸣器呢？（对设计细节提出问题，考验学生的设计思路。）

团队 B：蜂鸣器很吵，会打扰其他同学。

师：非常棒，使用振动传感器只让自己知道，不会影响其他同学。继续。（对合理的设计思路表示赞许，正面强化这种行为。）

团队 B：我们的成本价是 27 元，本来打算卖 75 元的，但是双十一特价，只要 35 元！

3.师：你们组很大方啊！下一个团队。

团队 C：这是我们做的作品，防近视衣。如果你写作业的时候太靠近桌子，它就会振动。

师：你们能够把衣服穿在身上演示一下吗？（提醒学生进行演示，展示产品功能。）

团队 C：（穿上衣服，趴在桌上）有震动的感觉，我们本来打算卖 70

元，现在卖 65 元，大家快来买啊，再不买就没了。

4.师：（在第六团队的同学准备时说）我刚才注意到汇报完成的团队在非常认真地听其他团队的汇报，我要表扬你们。还没有汇报的同学也要好好听听别人的汇报，说不定你们能够从中找到灵感。好的，开始。（首先以表扬的方式鼓励做得好的同学，同时以他们为榜样引导其他同学认真听报告。）

团队 D：大家好，我们是第六团队，我们用的是蜂鸣器，只要你一弯腰，蜂鸣器就会发出警报。（开始演示，蜂鸣器没有产生反应。）

师：还是刚才那个原因（感应距离太短），如果我们有更多的传感器，比如超声波传感器，可以测的距离就会比较长，是不是就能够更容易实现你们的功能了？

团队 D：嗯。我们的成本是 55 元，我们不卖那么贵，只卖 65 元，再不买就断货了啊。

5.师：剩下最后两个团队了，第四团队，准备好了吗？

团队 E：这是我们做的坐姿提醒器，它使用的是一个太阳帽、倾斜传感器和蜂鸣器。（展示用法，蜂鸣器并没有正确响起。）

师：（解释原因）可能是因为蜂鸣器的位置没有装对。那么刚才有的团队说过用振动传感器的原因是蜂鸣器很吵，那么你们选择蜂鸣器的原因是什么呢？（针对不同传感器的选择，询问设计的思路，有助于其他学生产生更多的思考。）

团队 E：我们的蜂鸣器放在帽子里面，振动传感器放在里面可能感觉不到。

师：好的，你们的作品功能介绍完了，你们现在说说作品的价格吧。

团队 E：我们的成本是 16 元，现在双十一，我们 20 元卖出！现在购买还送一个热熔胶枪！

6.师：还剩最后一个团队了，老师还是要提醒一下，我们的活动是在

○ 解码优质课堂：素养导向的学科教学模型群 ●

模拟制作产品的一个流程，如果你们辛辛苦苦做出一个产品，最后的定价随便乱定，其实也是不行的。（注意到学生对于价格和产品的盈利属性不敏感，及时指出。）

现在请最后一个团队介绍。

团队 F：大家好！我们制作的是一个防近视的架子。只要靠近它，它就会响。下面我给大家来试验一下（蜂鸣器正常工作）。我们的产品非常好，对保护眼睛非常有益。

【设计意图】推销环节能够有效地锻炼学生的表达与概括能力。推销时，学生需要将自己的产品特点与优势在短时间内说出来，突出产品吸引人的原因，对学生的思维与表达都是很好的锻炼。同时，由于小学生的心理特点，在设计产品时学生可能会出现思路不清晰、缺乏全面性的情况；通过对他们的产品进行有针对性的提问，可以让他们对自身设计思路的认知变得更加明确，从而影响他们在未来也会注重这些角度的思考。

七、评选获胜团队（思）

评委根据每个团队的产品设计制作、产品推销、团队信誉等级和产品研发成本等因素进行投票，得票最多的团队获胜，并对部分团队作品进行点评。

师：现在每个团队都介绍完了自己的作品，马上就进入我们的投票环节。现在请台下的老师到前面的展台进行投票，评委老师可以到我这里来拿一张贴纸，贴在你认为设计最好的团队前面。好，可以开始投票了！

（评委老师们进行现场投票。）

师：现在投票结果已经揭晓了！恭喜我们的第四团队票数最高！大家掌声鼓励，下面请同学们说一下，你认为第四团队获胜的理由。

生 A：因为他们的设计很方便。

生 B：他们的外观很漂亮，线条收拾得很整齐。

生 C：他们的装置创新性强。

师：同学们说得都非常好，我们要学会取长补短。

【设计意图】设计奖项，激发学生争光的心理；为得奖的团队拍照留念，用这样的方法对得奖的团队进行鼓励，对其他同学进行激励。通过让学生参与评价，不但锻炼了学生的表达能力，还提高了学生的审美判断等能力。

八、优化产品（思）

1.师：我们做完作品都会有一个优化作品的过程。刚才我们提到的电子元件有限，那么如果在数量、种类、时间充足的情况下优化自己的作品，或者优化别人的作品，你们觉得要怎么做。

生 A：在课堂外寻找具有相同功能，但是更便宜的元件。

生 B：找更好看的衣服代替马甲。

生 C：把架子改造成塑料箱子，如果靠得太近箱子里的触手就会把人推远。

2.师：同学们回答得都有可行性，可能你们想象的有些功能，现阶段的知识还不足以实现，但要相信，只要你们继续学习就一定能够实现。我们今天的这节课就上到这里，同学们再见！

【设计意图】让学生明白产品的研发伴随着不断优化，而针对原产品的优化需要大量知识的积累和物质基础，通过这种方式让学生对未来的学习获得新的动力与信心。

［深圳市福田区荔园小学（荔园教育集团）通新岭校区　周伟明］